運動会で！ 園生活で！

使える！ 保育の運動あそび

井上明美・編著

自由現代社

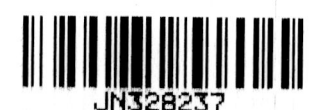

運動会で！ 園生活で！

使える！ 保育の運動あそび

もくじ

ゲームで運動あそび

リレーで運動あそび

みんなで運動あそび

親子で運動あそび

本書の内容

幼児期の子どもにとって、体を動かしてあそぶことは、心身の成長にかけがえのないものです。特に園生活での運動あそびは、みんなで一緒にあそぶ楽しさや、友だちと協力する楽しさを知ることにもなり、さらにはルールや決まりなどを守る大切さを覚え、社会性を養うことにもつながります。

本書では、「ゲームで運動あそび」「リレーで運動あそび」「みんなで運動あそび」「親子で運動あそび」というテーマで、運動会の種目のみならず、普段の園の活動の中でできるちょっとした運動あそびや、参観日などに親子で楽しめる運動あそび、歌いながら楽しめる運動あそびなど、さまざまな角度から、厳選した運動あそびのネタを紹介しています。子どもたちが夢中になれる、バリエーション豊富な運動あそびを、ぜひ保育現場でお役立てください。

誌面構成について

各あそびの概要を説明しています。

各タイトルを示しています。

準備するものを紹介しています。

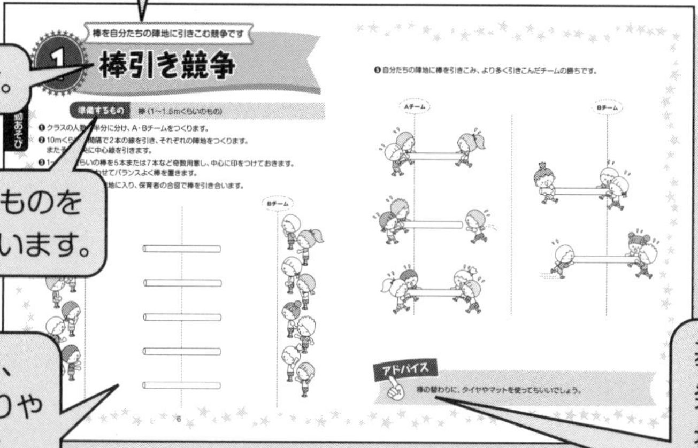

イラストをふんだんに用い、あそびかたを楽しくわかりやすく丁寧に説明しています。

基本的なあそびに加え、より発展的なあそびの内容や、指導する際のポイントやコツなどを紹介しています。

歌を用いたあそびでは、楽曲の楽譜はすべて伴奏がつき、伴奏は簡単で弾きやすく、かつ楽曲のよさを引き立てたアレンジになっています。

歌あそびなどでは、手の動きやふりつけを、楽しいイラストや解説で細かく丁寧に説明しています。

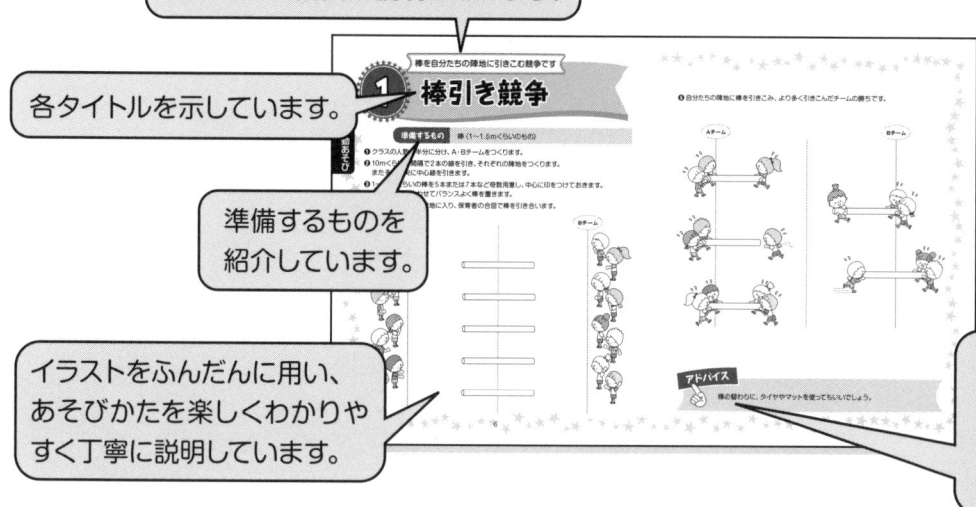

棒を自分たちの陣地に引きこむ競争です

1 棒引き競争

準備するもの　棒（1〜1.5mくらいのもの）

❶ クラスの人数を半分に分け、A・Bチームをつくります。

❷ 10mくらいの間隔で2本の線を引き、それぞれの陣地をつくります。
またその中央に中心線を引きます。

❸ 1〜1.5mくらいの棒を5本または7本など奇数用意し、中心に印をつけておきます。
❷の中心線に合わせてバランスよく棒を置きます。

❹ 全員が自分たちの陣地に入り、保育者の合図で棒を引き合います。

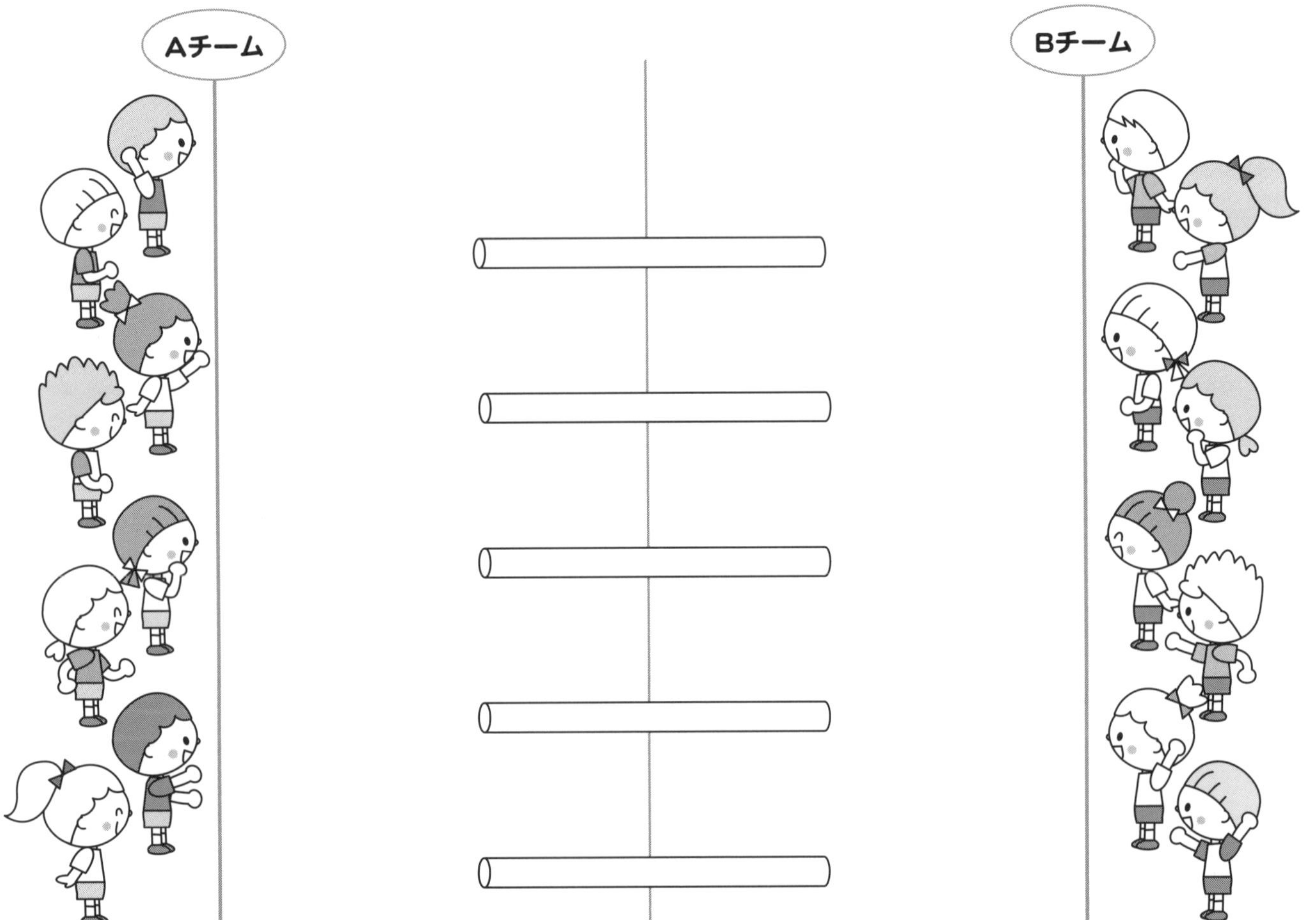

❺自分たちの陣地に棒を引きこみ、より多く引きこんだチームの勝ちです。

アドバイス

棒の替わりに、タイヤやマットを使ってもいいでしょう。

おに役が、へびのように床をはってつかまえるおにごっこです

2 へびおに

❶ ビニールテープなどで床に大きな円を描き、逃げられる範囲とおに役をひとり決めます。

❷ おにはへびのように床をはって移動します。おに以外の子どもたちは立って移動し、おににつかまらないように逃げます。

❸おににタッチされたら片足になります。片足で逃げ、2回目にタッチされたら、おにになります。また、片足で逃げているうちに両足が床についてしまったときも、おにになります。

❹おにがどんどん増えていき、最後まで残った人がチャンピオンです。

アドバイス

★おに役をはじめから2〜3人にし、2回タッチされたら、おにを交代するというルールにしてもいいでしょう。

★おにが床をはって移動する替わりに、ハイハイで移動する「ハイハイおに」というおにごっこもあります。

玉を拾って自分の陣地のかごに入れたり、相手のかごから玉を奪える玉入れです

3 かごかご玉入れ

準備するもの　マット、かご、玉（赤白玉など）

❶ クラスの人数を半分に分け、A・Bチームをつくります。
❷ それぞれのチームの陣地としてマットを用意し、マットの上にかごを置きます。
❸ マットとマットの間に、玉入れ用の玉をたくさん置きます。色は何色でもOKです。
❹ 各チームとも、玉を守る人をひとり決め、全員が自分たちのマットの上で待ちます。

❺保育者の合図で、玉を取りに行き、自分たちの陣地のかごへ入れます。どの色の玉を取ってもOKです。相手が取ってかごに入れた玉を奪ってもOKです。守る人は、玉を奪われないように、かごの前で守ります。

❻一定の時間で終了し、玉の数が多いチームの勝ちです。

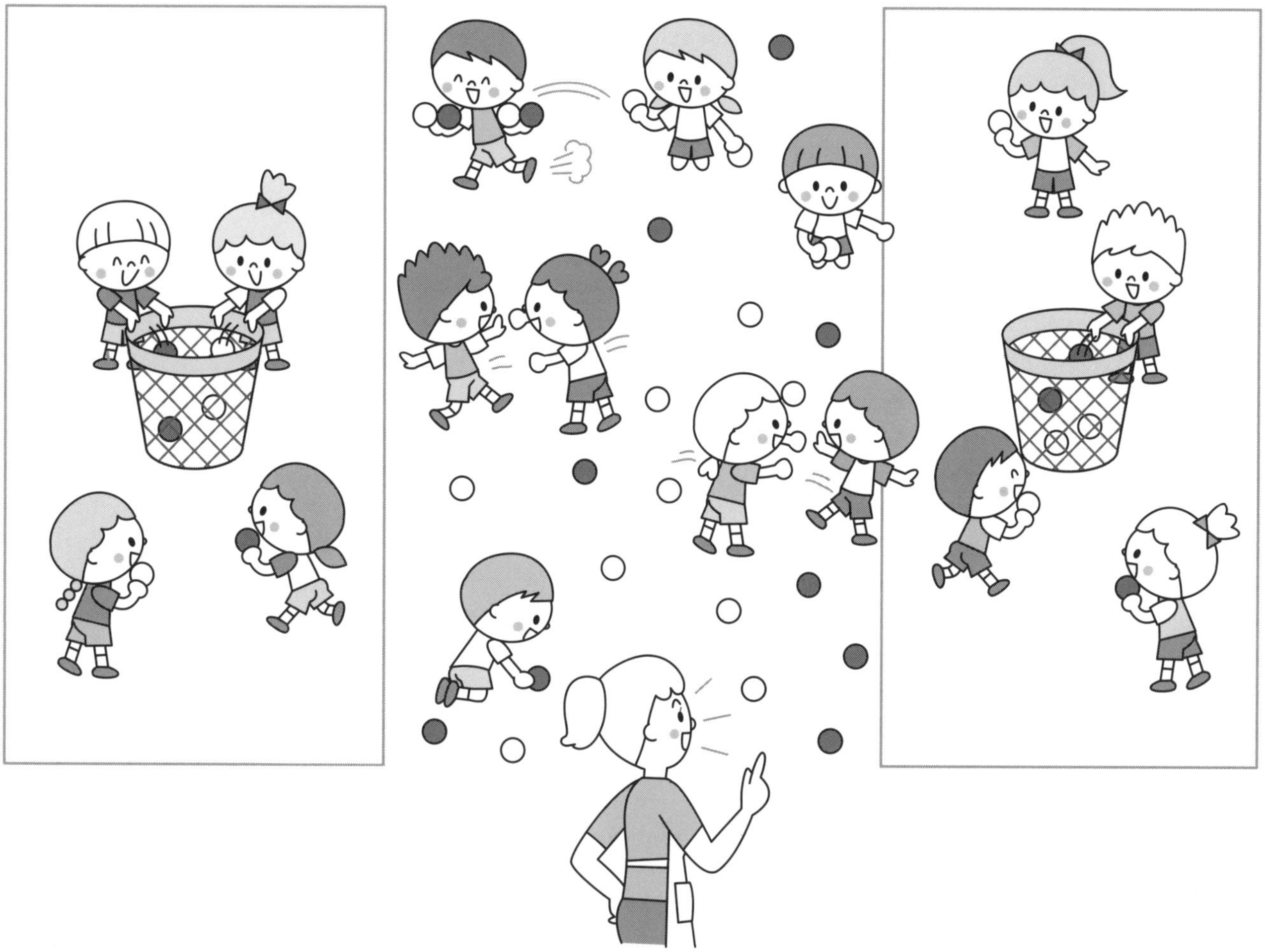

アドバイス

★相手のかごの玉は奪えないというルールにしてもいいでしょう。

★年少児向きのあそびです。

★相手の手をたたいたり、相手が手に持っている玉を奪ったりしないように注意しましょう。

おにがどんどん増えていき、最後まで残った人は勝者として一周します

4 手つなぎウィニングラン

❶ 逃げられる範囲とおに役をひとり決めます。

❷ おににつかまらないように逃げ、つかまったらおにと手をつないでふたり組のおにになって、他の子どもを追いかけます。

❸ ふたり組のおににつかまったら、3人組のおにになります。

❹ おにが4人組になったら、ふたりずつの2組に分かれます。

❺ おにがどんどん増えていき、
最後まで残った人がチャンピオンです。
チャンピオンは手をふりながら範囲内を
一周し、ウイニングランをします。
他の子どもたちは拍手を送り、勝者を
たたえます。

アドバイス

最後のチャンピオンは、ひとりではなく2～3人にして、2～3人でウイニングランをしてもいいでしょう。

動物の絵が描かれたサイコロをふり、出た面の動物の真似をしてゴールします

5 動物ものまね競争

準備するもの 大きめのサイコロ（各面に、ウサギ、サル、ゾウ、カニ、鳥、魚などを描いたもの）

❶ あらかじめ、大きめのサイコロを5～6個用意しておきます。サイコロの面には、ウサギ、サル、ゾウ、カニ、鳥、魚の絵を描いておきます。

❷ スタートラインとゴールラインを決め、スタートラインから少し離れたところにサイコロを置いておきます。5～6人がスタートラインに並びます。

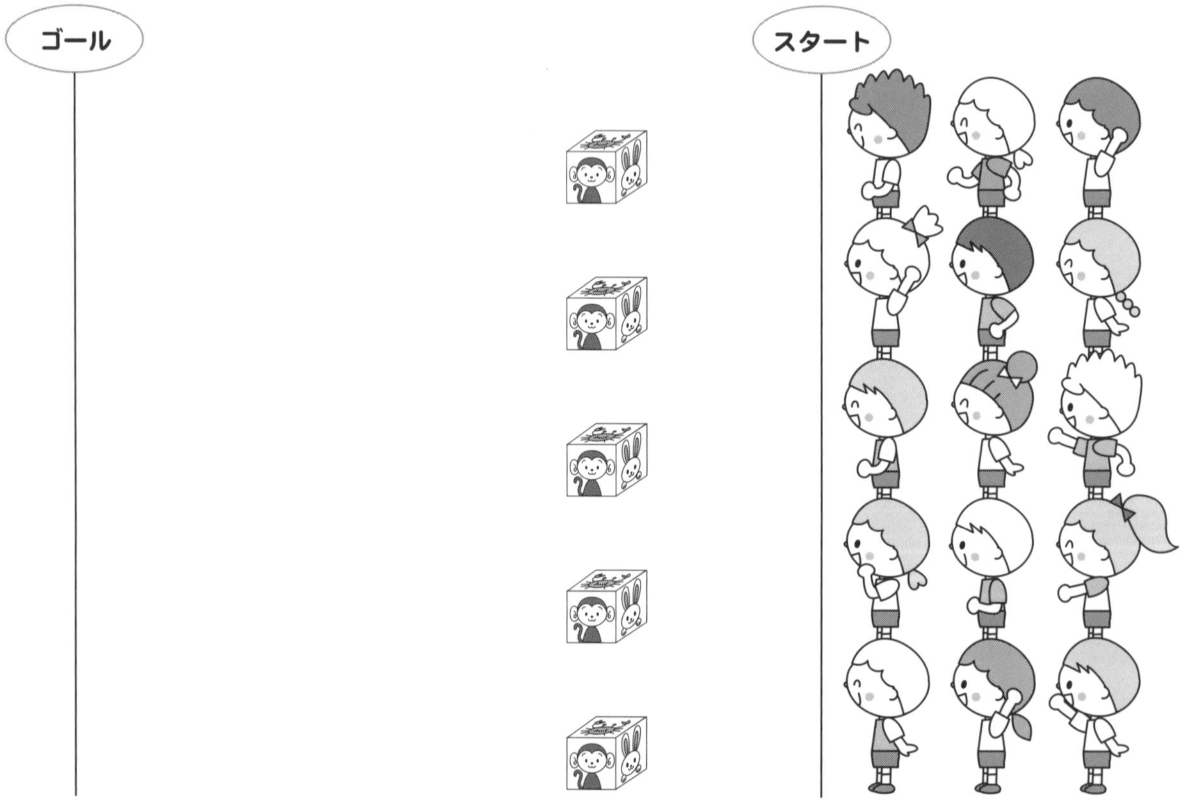

❸ 保育者の合図で、サイコロのところまで走っていき、サイコロをふります。

❹ サイコロで出た面の動物の真似をしながら、ゴールします。

ウサギ

両手で耳をつくり、ウサギ跳び

サル

サルの真似をして、両手を交互に動かす

ゾウ

片手でゾウの鼻をつくり、動かす

カニ

両手でカニの爪をつくり、横歩き

鳥

両手を広げて、飛んでいるように動かす

魚

両手を前後に広げて、ひらひらさせる

アドバイス

サイコロに描く絵は、
タヌキ、ゴリラ、ペンギンなど、
いろいろアレンジしてもいいでしょう。

新聞紙の棒を使って、他の子どもがかぶっている帽子を落とすゲームです

6 帽子落としゲーム

準備するもの　三角帽子（白ボールなどでつくったもの）、新聞紙をまるめた棒

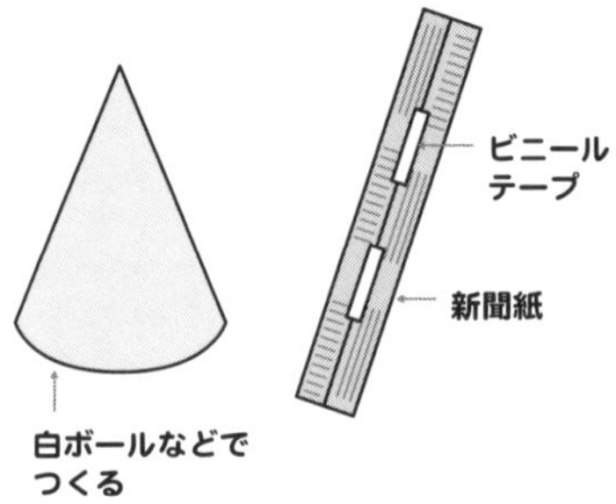

❶ 子どもの人数分、三角帽子と新聞紙をまるめた棒を用意します。

❷ 子どもたちは三角帽子をかぶり、新聞紙の棒を持ちます。

❸ 保育者の合図で、他の子どもの帽子を棒でたたいて落とします。

❹ 帽子を落とされた人は終了で、最後まで落とされなかった人がチャンピオンです。

アドバイス

★運動会などでは、チームごとに三角帽子の色を変え、チーム対抗にしてもいいでしょう。

★新聞紙の棒で強くたたいたり、他の子どもの顔や体をたたかないように注意しましょう。

手をつないで輪になり、フープを次々送っていく競争です

7 フープくぐり競争

準備するもの フープ

❶ 5～6人で一組のチームをいくつかつくり、チームごとにリーダーをひとり決めます。
❷ 各チームにひとつフープを用意し、リーダーの左手にかけ、チームごとに手をつないで輪になります。
❸ 保育者の合図で手をつないだままフープに頭や体を通して、右側の人に送っていきます。
❹ フープが最初にリーダーのところに戻ってきたチームの勝ちです。

アドバイス

参観日などに、親と子が交互に並んで輪になり、10人で一組くらいのチームで競ってもおもしろいでしょう。

自分が取ったカードと同じ色のカードを取った友だちを探して、ゴールします

8 仲よし色合わせ

準備するもの 大きめのカード（片面には一色の色をつけた、5～6色のカード）

❶ 厚紙などを使って、大きめのカードをつくり、クラスの人数分用意します。片面には一色の色をつけ、5～6色のカードにします。

❷ 床にビニールテープなどで円を描き、色のついている面を下にしてカードを広げます。

❸ 円と離れたところに、ゴールラインを描いておきます。

❹ 子どもたちは円の外に立ちます。保育者の合図で円の中に入り、好きなカードを取ります。

❺ 自分が取ったカードの色と、同じ色のカードを取った友だちを探して、手をつないでゴールします。
❻ 最初にゴールしたペアの勝ちです。

アドバイス

★年少児の場合は、カードの色を2～3色にして、同じ色の友だちを見つけやすくしたり、逆に難しくする場合は、7～8色にしてもいいでしょう。

★同じ色のカードを取った友だちを3人見つけてゴールする、というルールにしてもいいでしょう。

新聞紙を突進して破ったり、足にはさんでゴールします

9 新聞紙競争

準備するもの　新聞紙

❶ クラスの子どもたちを、新聞紙を持つ人と、競争する人に分け、交代で競争します。

❷ スタートラインとゴールラインを決め、スタートラインから少し離れたところでふたりが新聞紙をピンと張って持っています。

❸ ❷の先には、ハツ折りにした新聞紙を置いておきます。

❹ 5～6人がスタートラインに並び、保育者の合図で新聞紙を突進して破って進みます。

❺新聞紙が置いてあるところまで来たら、新聞紙を足の間にはさんで、落とさないように進みます。
❻先にゴールした人の勝ちです。

アドバイス

参観日などでは、親子が一組になり、同様に競争してもいいでしょう。
その場合、新聞紙を足にはさむところは、二ツ折りの新聞紙を親子の頭に載せ、落とさないように進むというルールにするといいでしょう。

相手の顔が見えるのが楽しい円形の綱引きです

10 輪になって綱引き

準備するもの 円形ロープ（細めの縄をつないだもの）、たすき・リボンなど

❶ やや細めの縄をつないで、20～30人が引っ張れるような大きな円形ロープをつくります。

❷ 全員が内向きで縄を持ち、人数が二分されるところ2ヵ所にたすきやリボンなどを結んで、目印にします。

❸ ❷の目印2ヵ所を結んだ地面に線を引き、陣地を決めます。

❹ 保育者の合図で綱引きをし、一定時間で目印が陣地にあったチームの勝ちです。

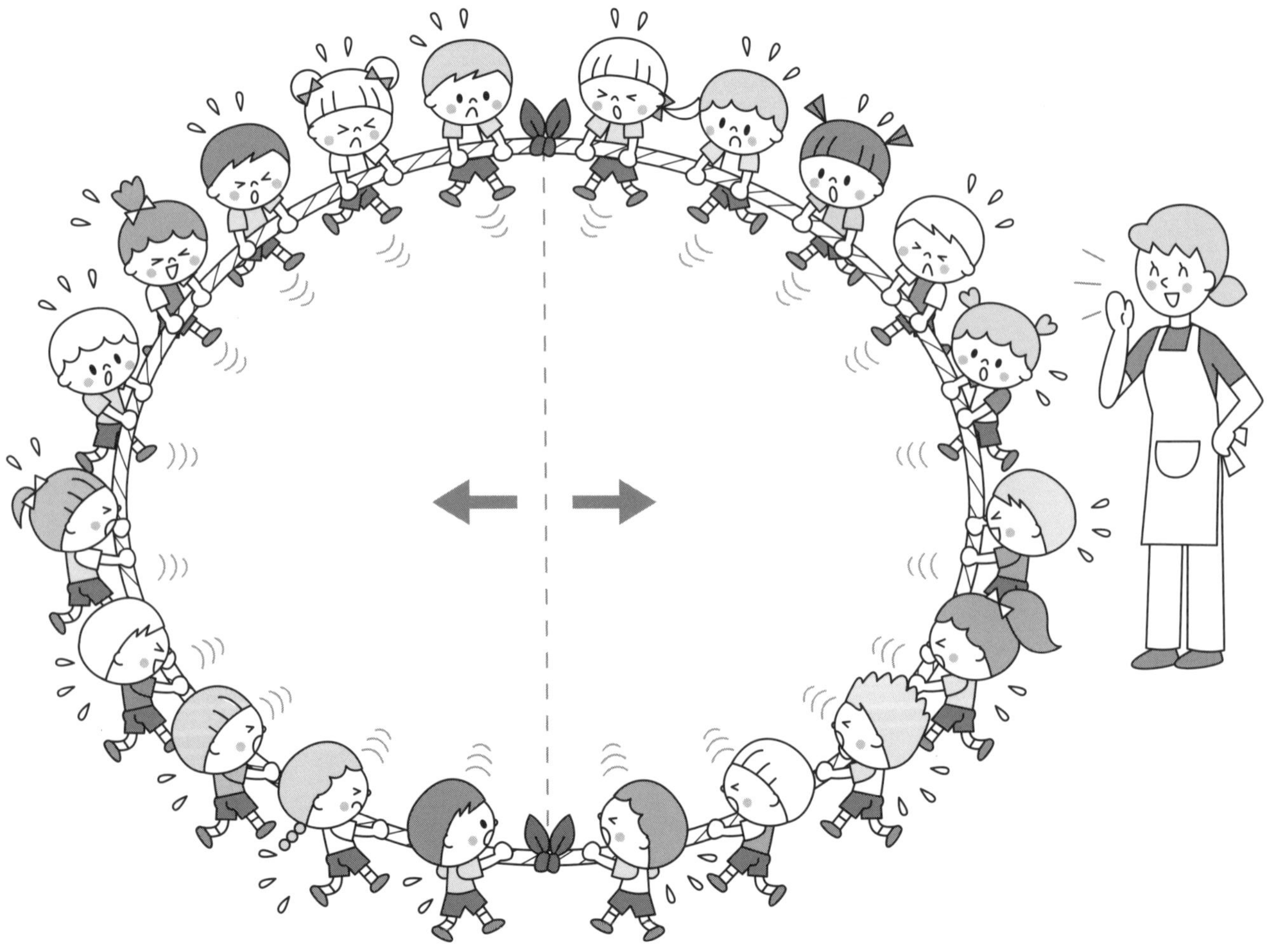

❺子どもの並び方はそのままで、二分する目印の位置を変え、❸と同様に2ヵ所を結んだ地面に線を引いて、綱引きをします。
目印の位置を変えることで、チームのメンバーが変わることになります。

アドバイス

参観日などに、親も交えて行っても楽しいでしょう。

取ったカードと同じ絵柄のカードを探してゴールします

11 神経衰弱競争

準備するもの 大きめのカード（7～8種類の絵柄が描かれたカード）

❶ 7～8種類の絵柄が描かれた大きめのカードを2セット用意します。

❷ スタートラインとゴールラインを決め、スタートラインから少し離れたところに1セット分のカードを、絵柄を下にしてバラバラに置いておきます。さらにその先にも、同様にカードを置いておきます。

❸ 5～6人がスタートラインに並び、保育者の合図で1枚目のカードを取ります。

❹❸で取ったカードを持って、その先に置いてあるカードの中から同じ絵柄のものを探し、見つかったら、2枚のカードを持ってゴールします。

❺先にゴールした人の勝ちです。

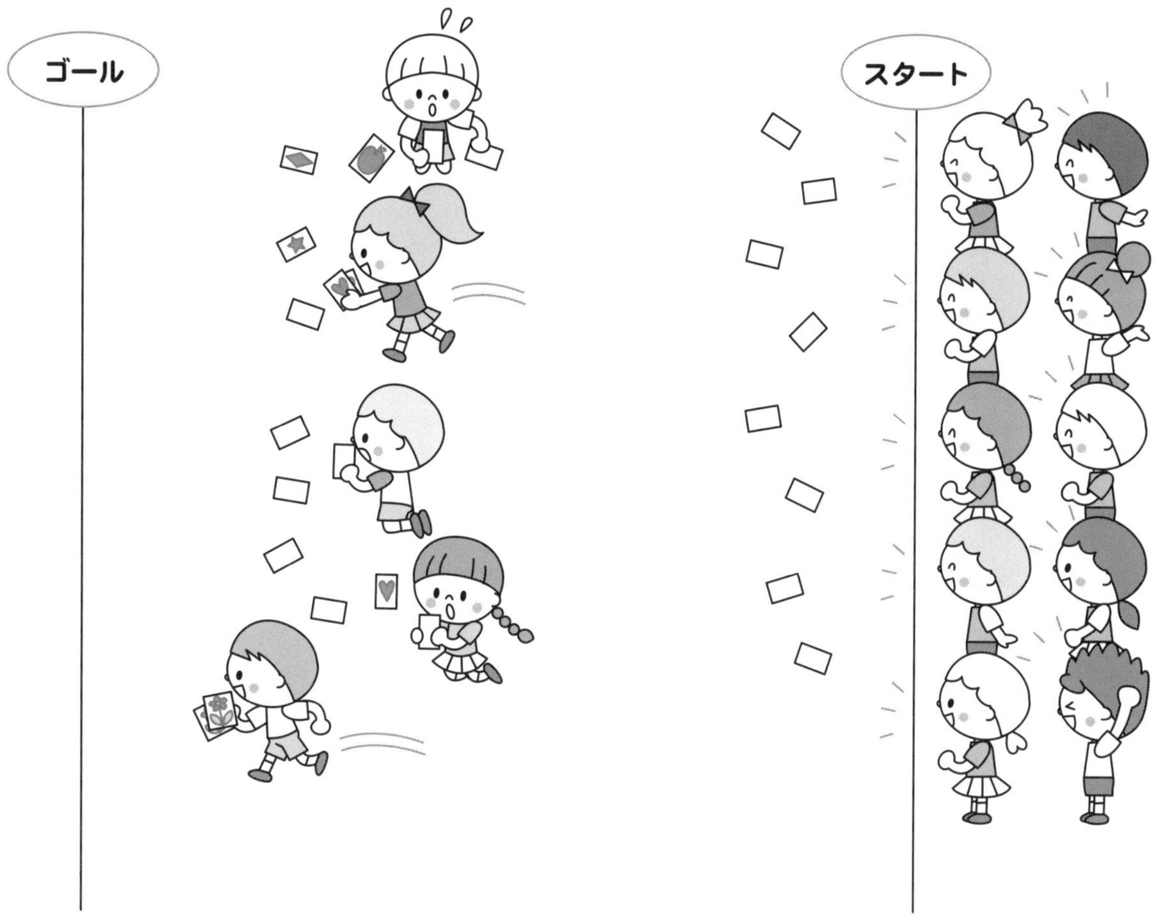

アドバイス

年少児の場合は、カードの絵柄を2～3種類にしてもいいでしょう。
また逆に難しくする場合は、10種類くらいの絵柄にしてもいいでしょう。

ドッジボールの導入に向いている、簡単なルールのドッジボールです

12 円形ドッジボール

準備するもの ドッジボール用のボール

あそび 1

❶ 地面に大きな円を描きます。また円とは別のところに四角を描き、ボールにあたった人の待機場所をつくっておきます。

❷ 円の中と外で2チームに分かれ、外の人は中の人にあたるようにボールを投げ、中の人はあたらないように逃げます。ボールを取ることもできません。触ったり、あたったりしてしまったら、円から外れ、待機場所に入ります。

❸ 時間を決めて交代し、どちらのチームがより多くあてられたかを競います。

あそび 2

❶ あそび 1 と同様に、円の中と外で2チームに分かれ、外の人は中の人にあたるようにボールを投げ、中の人はあたらないように逃げます。ただし、ボールは取ってもいいものとします。取ったら攻撃はせず、外の人へボールを渡します。

❷ 中の人があたったら、外に出て、攻撃者に加わります。

❸ 最後まであたらなかった人がチャンピオンです。

アドバイス

あそび 2 で、中の人があたったら、あてた人と中と外を交代するルールにし、時間を決めてチームを交代し、どちらのチームがより多く円の中にいられたかを競ってもいいでしょう。
またその際、チームごとに赤白の帽子をかぶっていると、わかりやすいでしょう。

マットで転がったり、前転をしたりして進むリレーです

1 マットマットリレー

準備するもの マット、平均台

❶ 6〜7人で一組のチームを2〜3チームつくります。

❷ 70mくらいのトラックの3ヵ所に、絵のようにチームごとにマットを置いておきます。1ヵ所は、マットをまるめた上にもう1枚マットをかぶせます。ゴール手前には、平均台を置きます。

❸ 各チームの先頭の子どもがスタートラインに立ちます。保育者の合図でスタートし、ひとつ目のマットは両手を上げて転がります。

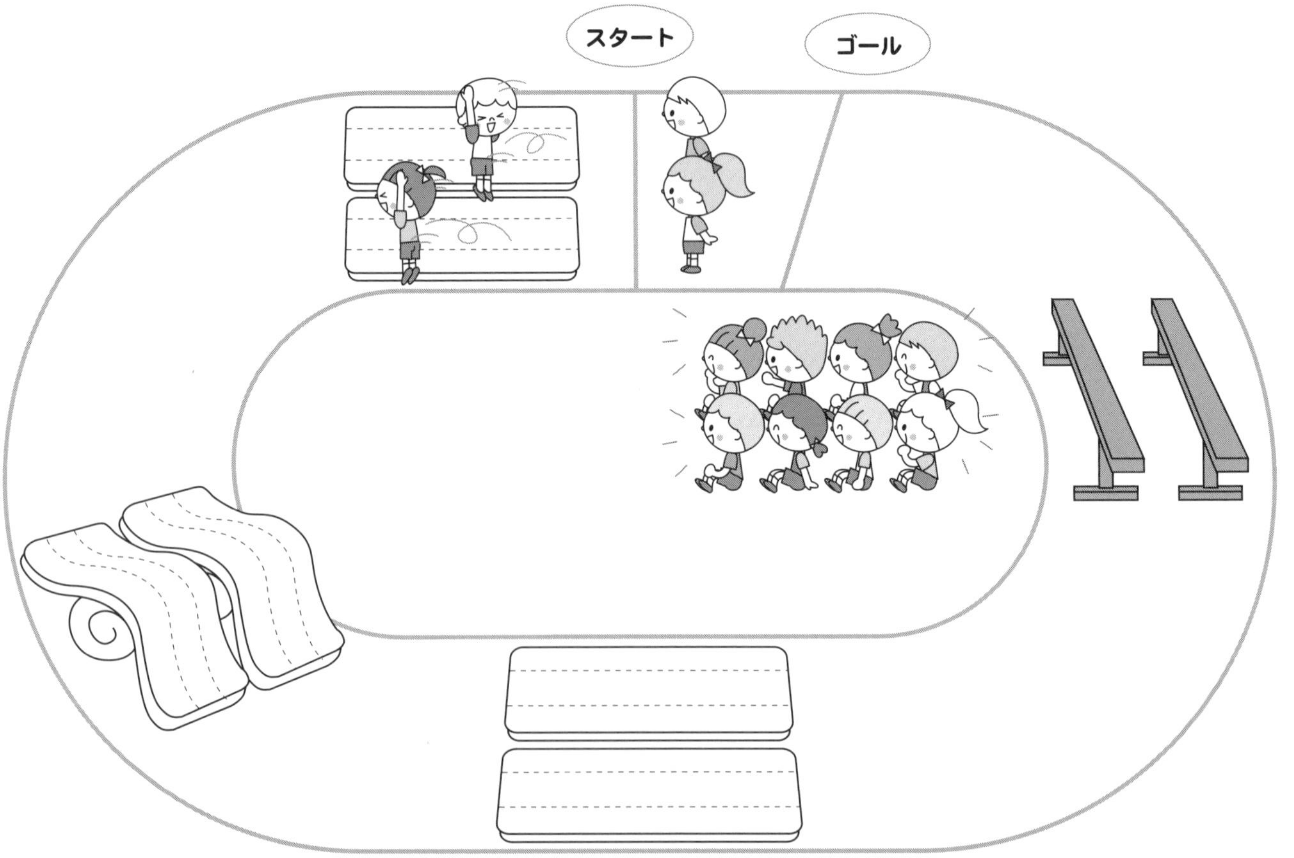

❹ 2つ目のマットは登って越えます。

❺ 3つ目のマットで、2回前転をします。

❻ 平均台を渡って、スタートラインで待機している、次の人にバトンタッチします。

❼ 次々にリレーをして、最初にゴールしたチームの勝ちです。

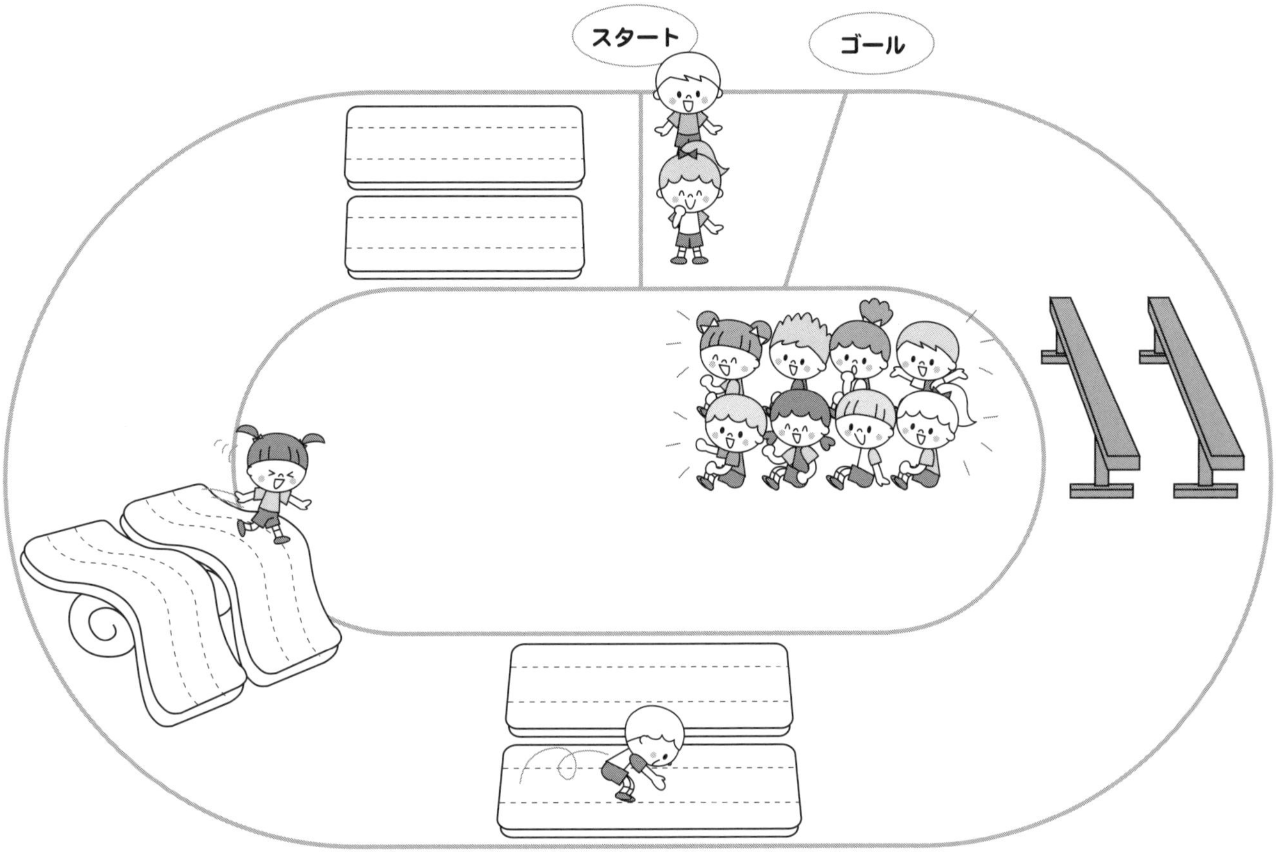

アドバイス

3つ目のマットは、前転の替わりに、マットをはって進むというルールにしてもいいでしょう。

ジャンケンに勝ったら玉をもらい、玉の数で勝敗を決めるリレーです

2 ジャンケン玉とりゲーム

準備するもの　かご、玉（赤白玉など）

❶ 7〜8人ずつのチームを2チームつくり、各チームでひとりリーダーを決めます。

❷ スタートラインから離れたところにいすを置いて、リーダーは相手チームの前にくるように座ります。リーダーの横には、玉を入れたかごを置いておき、その先には空のかごを置いておきます。

❸ リーダー以外の子どもたちは、スタートラインに並びます。保育者の合図で、先頭の子どもが相手チームのリーダーのところへ走っていき、ジャンケンをします。

❹ ジャンケンに勝ったら、相手チームのリーダーから玉をひとつもらい、その先のかごに玉を入れて戻ります。次の人へバトンタッチして列の後ろに並びます。ジャンケンに負けたら玉はもらえず、その場から戻り、次の人へバトンタッチして列の後ろに並びます。

❺ 次々にリレーをして、一定時間で玉の数が多かったチームの勝ちです。

アドバイス

参観日などに、親子ペアで手をつないで進んだり、親チームと子チームの対抗にして競っても、おもしろいでしょう。

3人一組で棒を持ち、ジグザグに進むリレーです

3 台風の目

準備するもの 棒（1mくらいで子どもが握れる太さのもの）、コーン、旗

❶ 3の倍数の人数のチームを何チームかつくります。チームごとに、1mくらいの長さの棒をひとつ用意します。

❷ スタートラインの先にコーンを3つ置き、その先にUターン用のコーンを置いておきます。Uターン用のコーンには旗を立てておきます。

❸ 各チームとも、3人一組で棒を持ち、スタートラインに立ちます。保育者の合図でスタートし、コーンを左方向からジグザグに進みます。

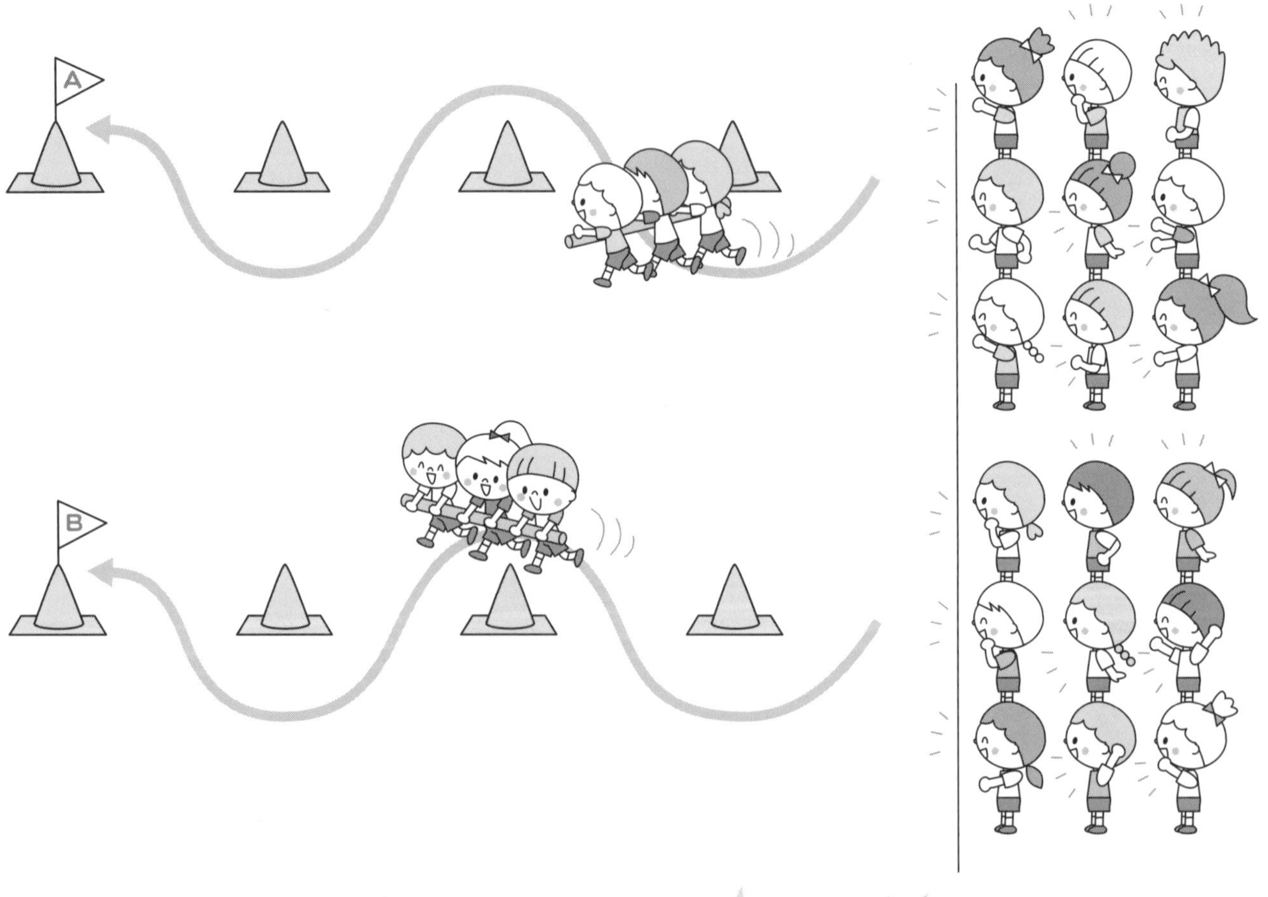

❹ 旗が立っているコーンをまわりUターンしたら、帰りは行きと逆方向に、コーンを右方向からジグザグに進みます。途中で棒を落としたら、落とした場所からやり直しです。

❺ 次々にリレーをして、最初にゴールしたチームの勝ちです。

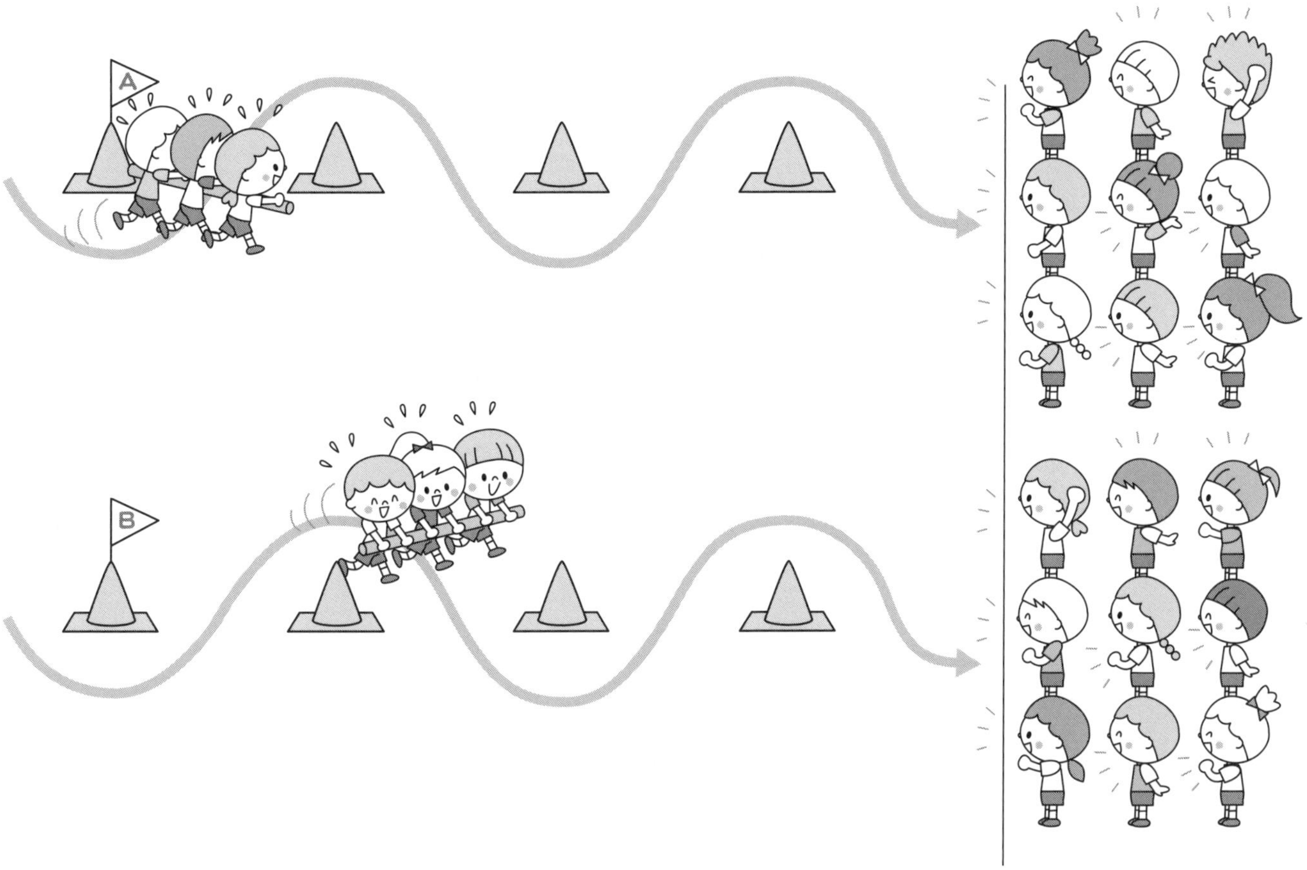

アドバイス

★3人一組で行うのが難しいようでしたら、ふたり一組で行ってもいいでしょう。

★棒は上から持っても下から持ってもいいでしょう。

お医者さんと看護師さんになって、担架を運ぶリレーです

4 われら救急隊

準備するもの 額帯鏡とナース帽（板目紙などでつくったもの）
担架（リズム棒と布でつくったもの）、ぬいぐるみ、コーン

額帯鏡とナース帽のつくりかた

板目紙で、額帯鏡とナース帽の形をつくり、帯状にした板目紙にホチキスなどでつけます。
後ろは平ゴムでとめます。

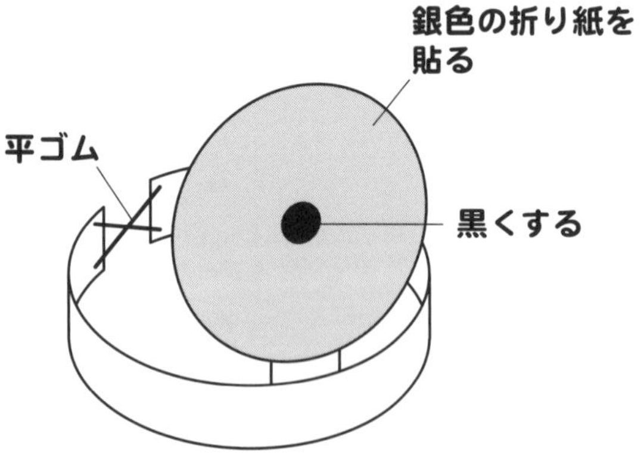

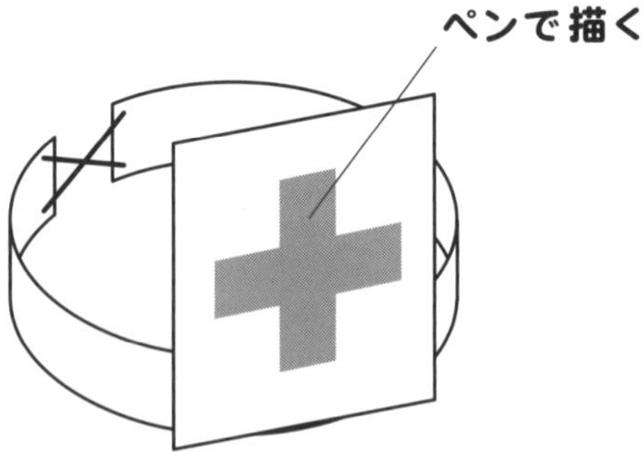

担架のつくりかた

リズム棒２本の上に布をかけ、後ろをガムテープなどでとめます。

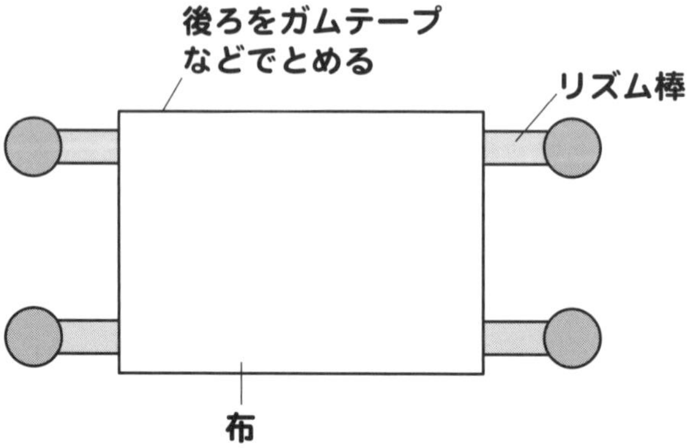

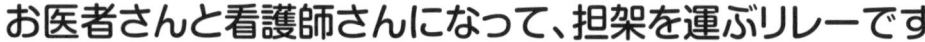

❶男女がペアになり、ペアが4～5組のチームを何チームかつくります。男の子は全員、額帯鏡をつけ、女の子は全員ナース帽をつけます。チームごとに、担架とぬいぐるみをひとつずつ用意します。

❷スタートラインから離れたところに、コーンを置きます。

❸担架にぬいぐるみを載せ、男の子が前を、女の子が後ろを持ち、スタートラインに立ちます。

❹保育者の合図でスタートし、「急げ！急げ！」と言いながら担架を運び、コーンをまわって戻り、次の ペアに担架を渡してバトンタッチします。

❺次々にリレーをして、最初にゴールしたチームの勝ちです。

アドバイス

額帯鏡とナース帽は、チームごとに1セットだけ用意して、バトンタッチする際に、次のペアがつけ替えるようにしてもいいでしょう。

段ボール箱をけってジグザグに進むリレーです

5 箱をけってすすめ！

準備するもの 段ボール箱（小さめで立方体に近い形のもの）、コーン、フープ

❶ 5～6人ずつのチームを2～3チームつくります。各チームにひとつ段ボール箱を用意します。段ボール箱は、角の部分を布テープなどで補強しておきます。

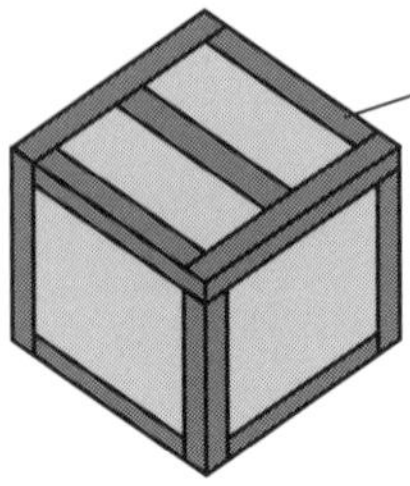

❷ スタートラインの先にコーンを3つ置き、その先にフープを置いておきます。

❸ 先頭の子どもはスタートラインに立ち、保育者の合図で、箱をけってコーンをジグザグに進みます。

❹フープのところまで来たら、フープの中で箱を高く持ち上げ、「イエー！」と言います。
その後、再び箱をけって、コーンをジグザグに進んで戻り、次の人にバトンタッチします。

❺次々にリレーをして、最初にゴールしたチームの勝ちです。

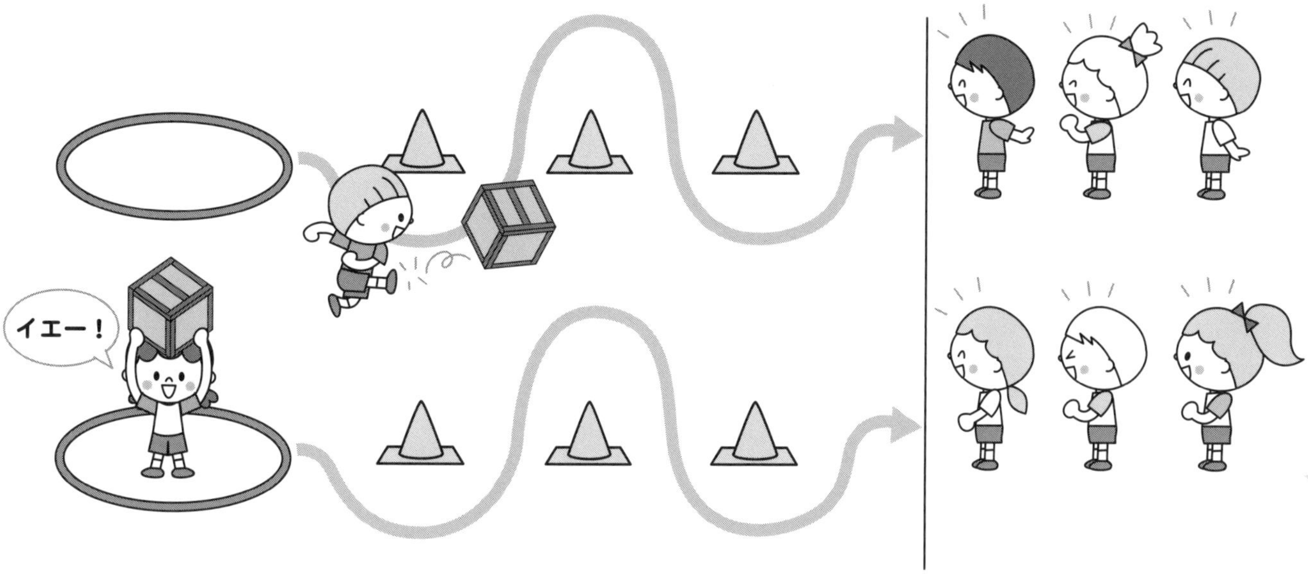

アドバイス

ふたり一組になって、ふたりで交互に箱をけりながら進んでもいいでしょう。
またその場合は、フープの中でふたりで箱を高く持ち上げるようにしましょう。

掘ったいもの数で得点を競うリレーです

6 いも掘りリレー

準備するもの
つるにいもをつけたもの（新聞紙や封筒、なわなどでつくる）
ござ（大きめのもの）

つるといものつくりかた

❶ 封筒の中にまるめた新聞紙を詰めて、ホチキスでとめます。

❷ 茶色とむらさき色の絵の具を混ぜ、❶にぬって乾かし、乾いたらさつまいもの形に整えます。

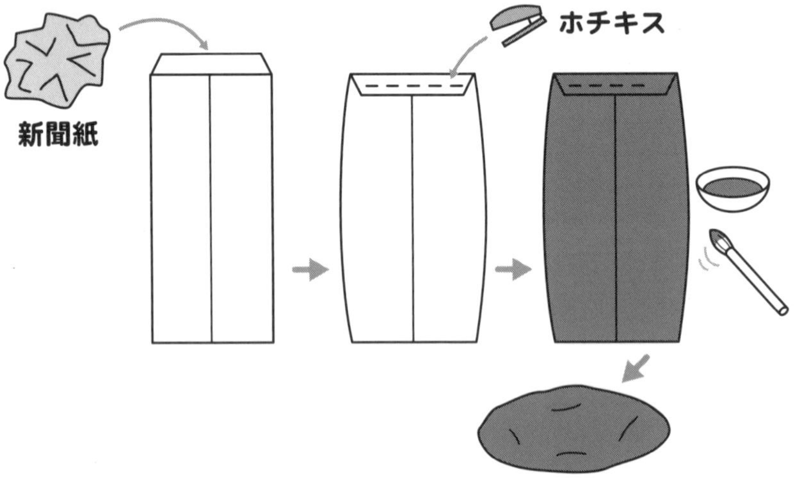

❸ ❷のさつまいもを、なわなどにビニールテープなどでしっかりつけます。
1本のなわに、さつまいもを1～5個つけたものをたくさん用意します。

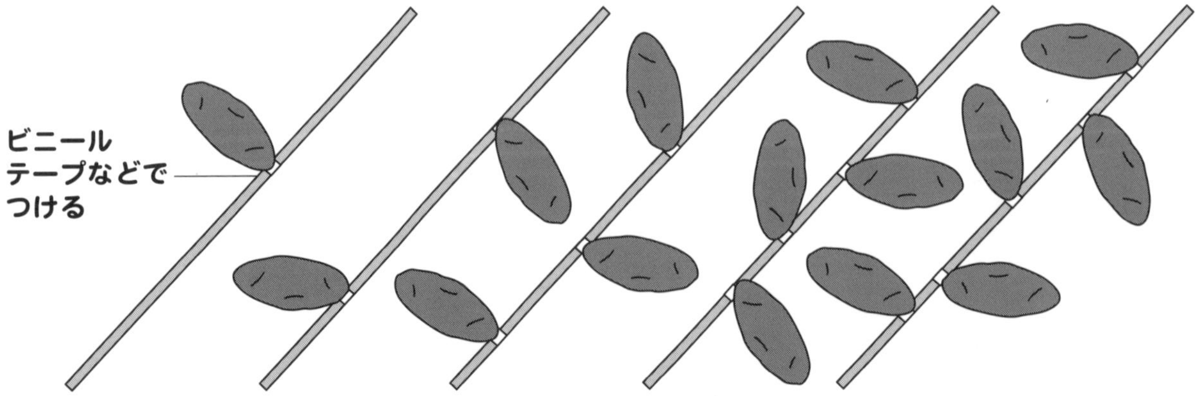

❶ 5～6人ずつのチームを2～3チームつくります。

❷ スタートラインから離れたところにいものつるをたくさん並べ、その上からござをかけます。つるの先は、ござから外へ出しておきます。

❸ 先頭の子どもはスタートラインに立ち、保育者の合図でござのところで好きなつるを1本選んで引っ張ります。つるを持って戻り、次の人にバトンタッチします。

❹ 次々にリレーをして、全員がつるを引き終えたら、チームで取ったいもの数を合計し、最も数の多かったチームの勝ちです。

アドバイス

いもの中にひとつ金色のいもをつけておき、そのいもを引いた人は何か賞品をもらえるようにしてもおもしろいでしょう。

段ボールを輪にしたものに入り、段ボールを押しながら進みます

7 輪っかですすめ！

準備するもの 段ボール（子どもが入れるくらいの大きめのもの）

❶ 8人くらいのチームを2〜3チームつくります。
チームにひとつ、段ボールを用意します。
段ボールはふたと底の部分をくり抜いて包状にし、
切った部分にビニールテープを貼ります。

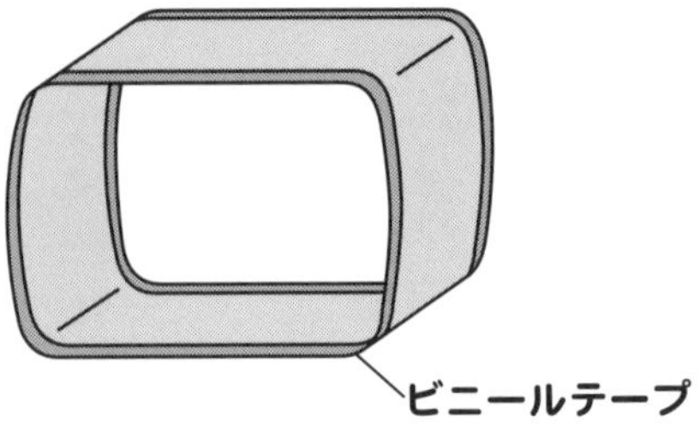

❷ 15mくらいの間隔でラインを2本引き、各チームのメンバーが二手に分かれ、ラインにつきます。

❸ 先頭の子どもは段ボールに入り、保育者の合図で段ボールを押しながら進みます。

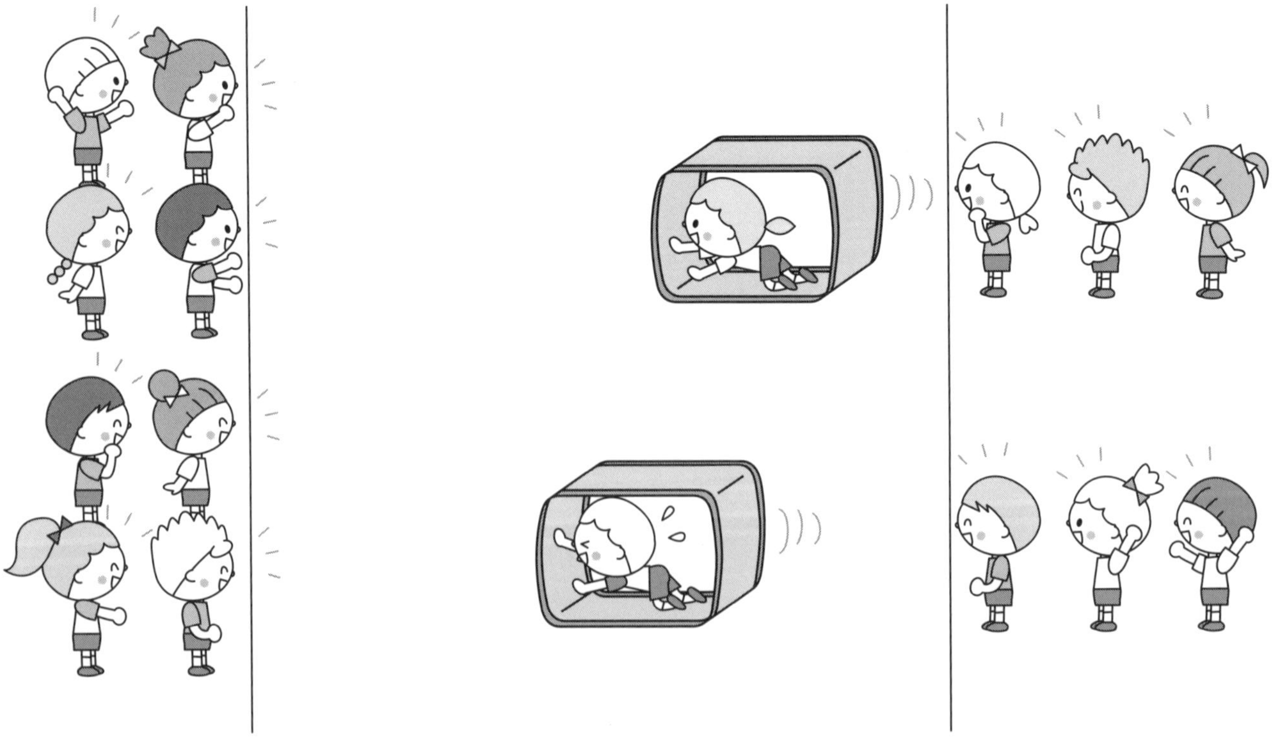

❹もう片方のラインまで着いたら次の人にバトンタッチして、次の人も同様に進みます。
❺次々にリレーをして、最初にゴールしたチームの勝ちです。

アドバイス

段ボールの輪で上手に進むコツは、頭で押しながら手足を大きく動かすことです。
あらかじめ練習しておくといいでしょう。

山あり谷ありの障害物を越えていくリレーです

8 山越え谷越えリレー

準備するもの　跳び箱、マット、ネット、平均台
川に見立てたもの（棒にすずらんテープをつけたもの）

❶ 6～7人で一組のチームを2～3チームつくります。

❷ 70mくらいのトラックの4ヵ所に、絵のように、マットをかけた跳び箱、ネット、平均台、川に見立てたものを用意します。

❸ 各チームの先頭の子どもがスタートラインに立ちます。保育者の合図で、マットをかけた跳び箱を登って越えます。

❹ネットは四つんばいになって、くぐり抜けます。
❺平均台は、またいで越えます。
❻川は跳び越え、スタートラインで待機している、次の人にバトンタッチします。
❼次々にリレーをして、最初にゴールしたチームの勝ちです。

アドバイス

★川は、跳び越えても、またいでも、どちらでもいいというルールにしてもいいでしょう。
★川を跳び越えるときに、引っかかって転ばないように注意しましょう。

新聞紙を胸につけたり背中に載せて、落とさないように進みます

9 新聞紙を落とすな!

準備するもの 新聞紙、コーン

あそび 1

❶ 5～6人ずつのチームを2～3チームつくります。チームに一枚、新聞紙を用意します。

❷ スタートラインから離れたところにコーンを置いておきます。

❸ 先頭の子どもは、新聞紙を二ツ折りにして胸にあて、保育者の合図で手を放して、遠心力で新聞紙が落ちないように走ります。

❹ コーンをまわって戻り、次の人に新聞紙を渡してバトンタッチします。

❺ 次々にリレーをして、最初にゴールしたチームの勝ちです。

あそび 2

❶ あそび1の❶、❷は同様です。先頭の子どもは、四つんばいになって、ハツ折りにした新聞紙を背中に載せ、保育者の合図でハイハイをして、新聞紙を落とさないように進みます。

❷ コーンをまわって戻り、四つんばいの状態で待っている次の人の背中に新聞紙を載せて、バトンタッチします。

❸ 次々にリレーをして、最初にゴールしたチームの勝ちです。

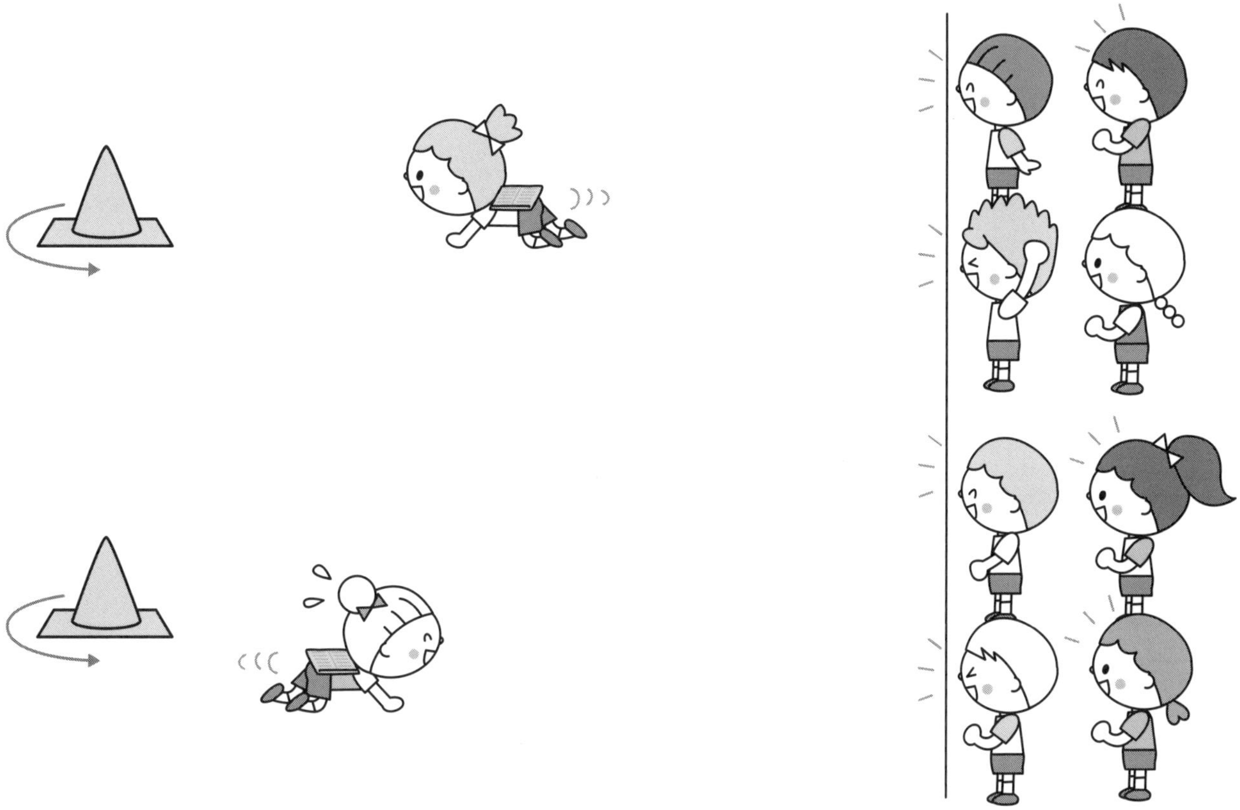

アドバイス

あそび1とあそび2を組み合わせて、チームのひとり目が新聞紙を胸にあてて走り、ふたり目は四つんばいで、新聞紙を背中に載せてハイハイで進む…を交互にくり返すルールにしてもおもしろいでしょう。

うちわに載せた風船を落とさないように進むリレーです

10 うちわで風船運びリレー

準備するもの うちわ、風船、フープ

❶ 5～6人で一組のチームを何チームかつくります。チームごとにうちわと風船をひとつずつ用意します。

❷ スタートラインから離れたところに、フープを置いておきます。

❸ 先頭の子どもは、うちわに風船を載せてスタートラインに立ち、保育者の合図で、風船を落とさないように進みます。

❹ フープのところまで来たら、フープの中でうちわで風船を5回つき、再び、風船を落とさないように戻り、次の人にバトンタッチします。

❺ 次々にリレーをして、最初にゴールしたチームの勝ちです。

アドバイス

うちわの替わりに、画用紙や板目紙などに風船を載せて進んでもいいでしょう。

ふたり一組で人形を運んでくるリレーです

11 おさるのかごや

準備するもの 棒（1mくらいの長さのもの）、人形、S字フック、いす

❶ 8人、10人など、2の倍数の人数のチームを何チームかつくります。チームごとに、1mくらいの長さの棒をひとつ用意します。

❷ スタートラインから離れたところに、チームごとにいすを置き、いすの上に人形とS字フックを載せておきます。人形には、あらかじめ、ひもをつけておきます。

❸ 各チームとも、ふたり一組で、前と後ろで棒を持ち、スタートラインに立ちます。保育者の合図で、棒をかついで、人形の置いてあるいすのところまで行きます。

❹いすのところまで来たら、棒にS字フックをかけ、そこに人形をかけて戻ります。

❺棒からS字フックと人形を外して、棒を次のふたりに渡して、バトンタッチします。
その間に保育者は次の人形とS字フックをいすの上に置いておきます。

❻次々にリレーをして、最初にゴールしたチームの勝ちです。

アドバイス

一回ごとにS字フックと人形を外さずに、2組目以降は、人形をかけたまま
いすをまわって戻ってくる、というルールにしてもいいでしょう。

障害物を越えて、大玉を転がすリレーです

12 大玉障害物転がし

準備するもの 赤白の大玉、マット、コーン

❶ 8人、10人など、2の倍数の人数のチームを何チームかつくります。
チームごとに大玉をひとつ用意します。

❷ スタートラインの先に、マットをまるめた上にもう1枚マットをかぶせたものを置いておきます。
さらにその先2ヵ所に、コーンを置いておきます。

❸ 各チーム、ふたり一組でスタートラインに立ちます。保育者の合図で、大玉を転がし、
マットの山を越えます。

❹ マットを越えたら、コーンにぶつからないようにジグザグに進みます。

❺ 2つ目のコーンをまわったら、大玉を転がしながら、コーンやマットの横を通って戻り、次のふたり組にバトンタッチします。

❻ 次々にリレーをして、最初にゴールしたチームの勝ちです。

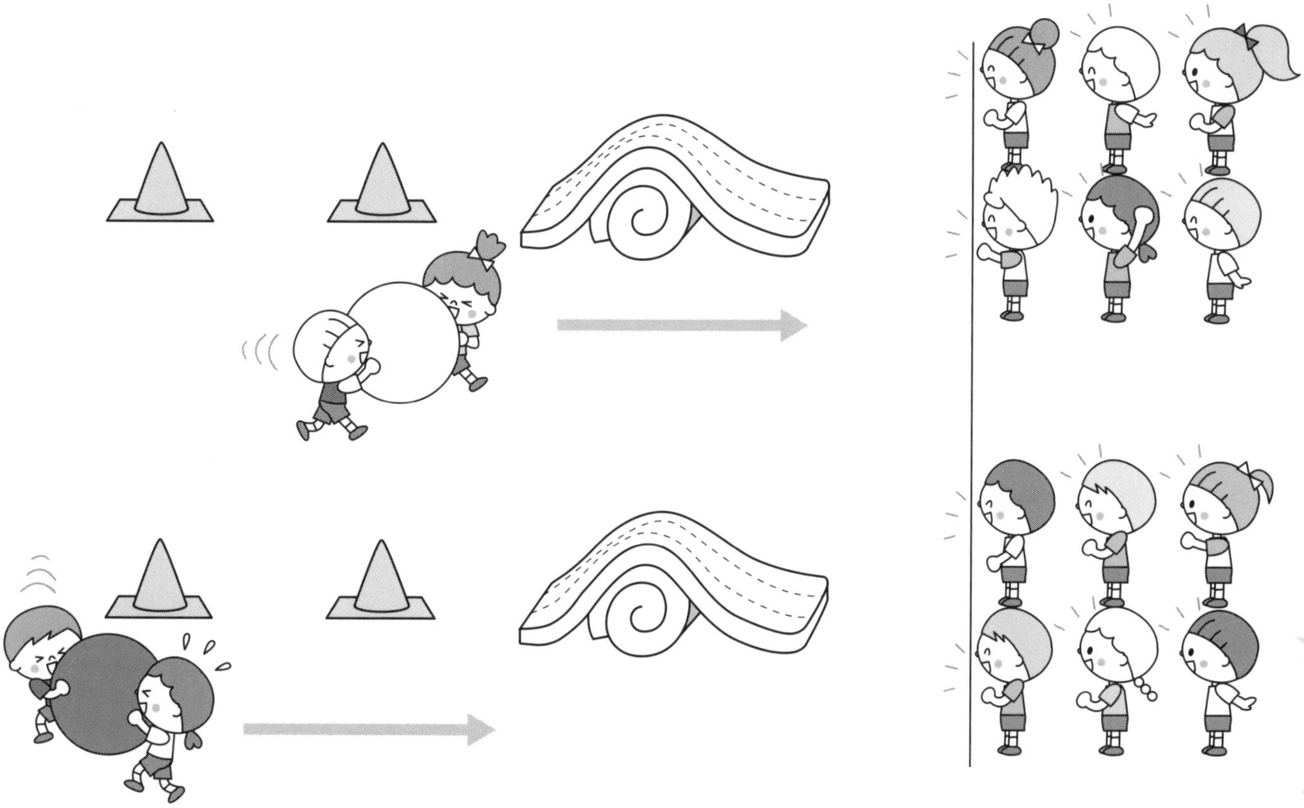

アドバイス

参観日などに、親子がペアになって大玉を転がしてもいいでしょう。

「しゃがんで!」と言ったら立つなど、保育者の指示と逆の動きをします

1 反対言葉でレッツゴー!

あそび 1

❶ 保育者が「しゃがんで!」と言ったら、子どもたちは素早く立ちます。

❷ 保育者が「立って!」と言ったら、子どもたちは素早くしゃがみます。

あそび 2

❶ 保育者が「止まって！」と言ったら、走ります。

❷ 保育者が「走って！」と言ったら、止まります。

アドバイス

★年長児などは「しゃ、しゃ、しゃがまないで！」「しゃがむんじゃなくて立って！」などとフェイントをかけて、少し難しくしてもおもしろいでしょう。

★「起きて！」「寝て！」、「笑って！」「泣いて！」など、いろいろアレンジしてやってみましょう。

○△□の中を移動するフルーツバスケットです

2 おもしろフルーツバスケット

☆あらかじめ、地面に○△□を、それぞれ少し離して描いておきます。

あそび 1

❶ おに役をひとり決め、おに以外の子どもたちは全員○の中に入ります。

❷ おにがたとえば「さんかく！」と言ったら、全員、三角の場所に移動して逃げます。途中でおににつかまったら、その人もおにになり、おにが増えていきます。

❸ 次々におにが指定する場所に逃げ、最後までつかまらなかった人がチャンピオンです。

あそび 2

❶ 年少～年長児全員であそびます。年少児はフルーツ、年中児はアイスクリーム、年長児はチョコレートなどと、あらかじめ決めておきます。

❷ おに役をひとり決め、おに以外の子どもたちは、○△□の中の好きな場所に入ります。

❸ おにがたとえば「チョコレート！」と言ったら、年長児の子どもは全員自分がいる場所から、違う形の場所に移動して逃げます。途中でおににつかまったら、その人もおにになり、おにが増えていきます。おにが「パフェ！」と言ったら、年少～年長児全員が移動します。

❹ 次々におにが指定する食べものの子どもたちが逃げ、一定時間の中で最後までつかまらなかった子どもたちがチャンピオンです。

アドバイス

あそび 2 は、学年ごとに帽子の色を変えたり、違うお面をつけるなどすると、わかりやすいでしょう。
移動をくり返すことで、いろいろ違うグループができるのがおもしろいあそびです。

ひとり～6人でできるいろいろな組体操をご紹介します

3 いろいろ組体操

❶ 飛行機（ひとり）

体をななめに倒して、飛行機のポーズをします。

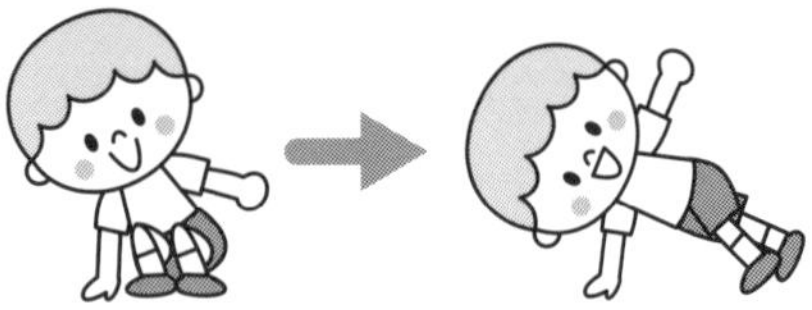

❷ しゃちほこ（ひとり）

両足の先を頭につけます。

❸ ブリッジ（ひとり）

両手足を床について、お腹を持ち上げます。

❹ すべり台（ふたり）

ふたり一組で、ひとりがもうひとりの両足を持ち上げます。

❺ 二段ベッド（ふたり）

ひとりがまたいで、互いに相手の両足首を持ちます。

❻ ピラミッド1（3人）

四つんばいになったふたりの上に、ひとりが立ちます。

❼ くじゃく（3人）

まん中のひとりが立ち、左右のふたりが床に手を広げます。

❽ タワー（6人）

腕を組み合った3人の腕に別の3人が両足をかけ、タワーのように立ちます。

❾ ピラミッド2（6人）

四つんばいになった3人の上に、さらにふたりが四つんばいになり、その上にひとりが立ちます。

運動会などで華やかに見えるパラバルーンをご紹介します

4 みんなでパラバルーン

❶ ウェーブ

全員が両手でバルーンを持ち、
手を上下に動かします。

❷ メリーゴーランド

保育者がバルーンの中に入り、中央に立ちます。
子どもたちは片手でバルーンを持って時計と
反対まわりにまわります。

❸ テント1

バルーンを持ち上げて空気を入れ、
空気を閉じこめるように
バルーンの端に外向きに座ります。

❹ テント2

❸と同様にしてバルーンに空気を閉じこめ、
バルーンの端に外向きに立ちます。

❺ アドバルーン

バルーンを持ち上げて空気を入れ、
空気を閉じこめるように全員が中央に集まります。

❻ おまんじゅう

バルーンを持ち上げて空気を入れ、
すばやくバルーンの中にもぐりこんで、
空気を閉じこめるように、バルーンの端に座ります。

右手の動きを追いかけて左手を動かす体操です

5 追いかけっこ体操

追いかけっこ体操

作詞／作曲：井上明美

おいかけっこたいそう はじめるよ
みぎてはまえで ひだりてそのまま みぎてはかたで
ひだりてまえへ みぎてはよこで ひだりてかたへ
みぎてはあたまで ひだりてよこへ みぎてはうえで
ひだりてあたま さいごはうーえで りょうてをくむよ

❶ ♪おいかけっこ　たいそう
はじめるよ

（両手を腰にあてます）

❷ ♪みぎては　まえで
ひだりて　そのまま

（右手を前に伸ばします）

❸ ♪みぎては　かたで
ひだりて　まえへ

（右手を肩にあて、
左手は前に伸ばします）

❹ ♪みぎては　よこで
ひだりて　かたへ

（右手を横へ伸ばし、
左手は肩にあてます）

❺ ♪みぎては　あたまで
ひだりて　よこへ

（右手を頭にあて、
左手は横へ伸ばします）

❻ ♪みぎては　うえで
ひだりて　あたま

（右手を上に伸ばし、左手は頭にあてます）

❼ ♪さいごは　うえで
りょうてを　くむよ

（頭の上で両手を組みます）

アドバイス

★ゆっくりのテンポから、少しずつテンポアップしてやってみましょう。
★歌詞と動きをいろいろアレンジしてやってみましょう。

ふたり一組で、体のいろいろなところをぴったりつけるあそびです

6 ぴったんこ

ぴったんこ

わらべうた

ぴーっ
たん こ
ぴっ た ん
こ
ど こ と
ど こ が
ぴっ た ん
こ
○ ○ と
○ ○ が
ぴっ た ん
こ

❶ ふたり一組で向かい合い、両手をつなぎます。
「♪ぴーったんこ　ぴったんこ
どことどこがぴったんこ」の部分は、
両手を左右にゆらします。

❷「♪○○と○○がぴったんこ！」の○○の部分で、保育者がたとえば「ほっぺと手」「おしりとおしり」などと発令し、子どもたちは、その動きをします。

アドバイス

「♪○○と○○」の部分は、「お腹とお腹」「肩と肩」「足の裏と足の裏」など、おもしろい動きをいろいろ考えて、やってみましょう。

歌いながら列車になって動き、ジャンケンをして列車がどんどん長くなっていきます

7 ゴーゴージャンケン列車

𝄞 ゴーゴージャンケン列車

作詩：不詳／アメリカ民謡

☆「𝄞 10人のインディアン」の替え歌です。

ゴー ゴー ゴー ゴー ジャン ケン れっ しゃ ゴー ゴー ゴー ゴー
ジャン ケン れっ しゃ ゴー ゴー ゴー ゴー ジャン ケン れっ しゃ
こん ど の あい て は き み だ ガッシャーン！

❶ 歌を歌いながら、両手を胸の横で動かして、列車の真似をしながら自由に動きまわります。

❷「♪こんどのあいてはきみだ」の部分で、ジャンケンするを相手を探し、「ガッシャーン！」の部分でふたり組になり、ジャンケンをします。

❸ ジャンケンに負けた人は勝った人の肩に後ろから両手を載せ、ふたり組の列車になります。

❹ 次は、ふたり組の先頭の人同士でジャンケンをし、負けたふたり組が勝ったふたり組につながります。

❺ 同様にくり返し、最後にひとつの列車になるまで続けます。

アドバイス

最後にひとつの列車になったら、保育者は先頭の子どもの名前を聞き、みんなで拍手をしてあげるといいでしょう。

「ロンドン橋」でおに役になった子が指示した言葉を、次々言っていくあそびです

8 ロンドン橋で言葉あそび

ロンドン橋

作詩：高田三九三／イギリス民謡

ロン ドばしが おちる
おちる おちる
ロン ドばしが おちる
さあ どう しましょう

❶通常の「𝄞ロンドン橋」のあそびをします。
おに役をひとり決め、保育者とふたりで橋をつくります。
他の子どもたちは「𝄞ロンドン橋」を歌いながら、橋をくぐります。
歌い終わったところで橋のふたりはちょうどその下にいた子をつかまえ、つかまった子が次のおに役になります。

❷おにになった子が、たとえば「『あ』のつくもの」など、語頭の音を決めて発令します。
他の子どもたちは、橋の下をくぐりながら、たとえば「アイスクリーム」「アヒル」など、おにに指定された言葉を言ってからくぐり抜けます。橋のふたりが10秒数えるまでに言葉を言えなかったら、次のおにになり、また❶のあそびに戻ります。おにが変わるたびに、❶と❷のあそびを交互にくり返します。

アドバイス

★❷のあそびでは、橋の下をくぐる子どもたちが全員言葉を言えたら、おには別の語頭の音を発令してもいいでしょう。

★一度誰かが言った言葉は言えず、もし言ってしまったら、次のおにになる、というルールにしてもいいでしょう。

最後にネズミになって、両手でつくったひげを動かす歌あそびです

9 いっぴきちゅう

いっぴきちゅう

わらべうた

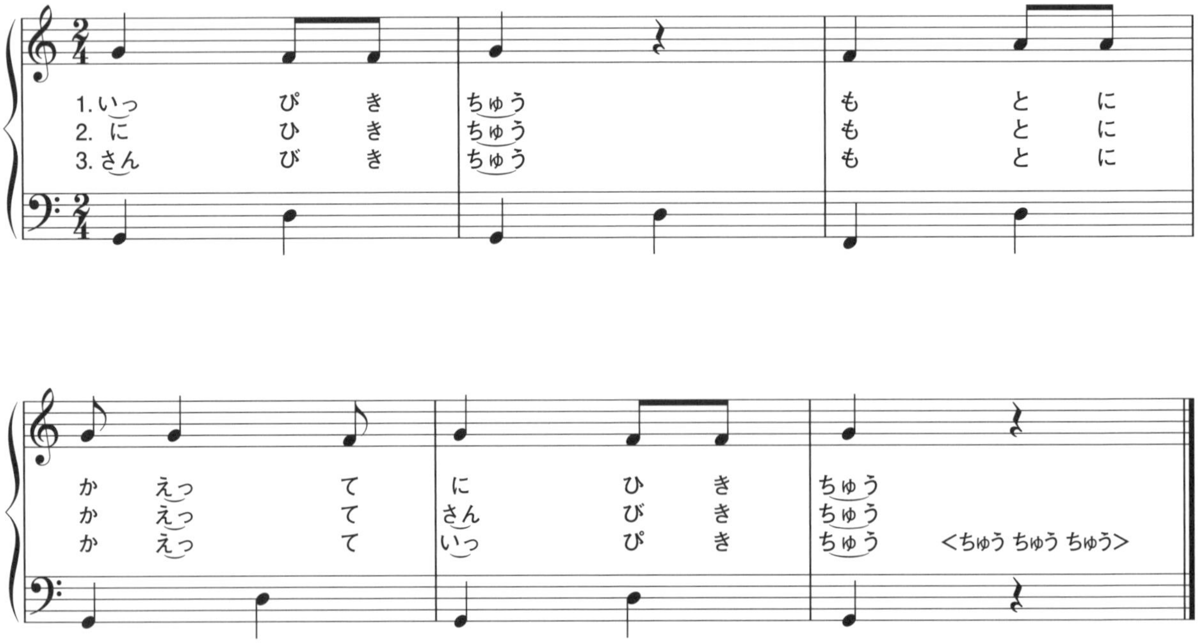

☆子どもたちは、輪になって手をつなぎます。
2小節ごとに、輪の内側に向かって4歩歩いたり
輪の外側へ4歩下がったりをくり返します。

1番

❶ ♪いっぴきちゅう

（輪の内側に向かって4歩歩きます）

❷ ♪もとにかえって

（輪の外側へ4歩下がります）

2番

❸♪にひきちゅう
（❶と同じ動き）

♪にひきちゅう
（❷と同じ動き）

♪もとにかえって
（❶と同じ動き）

♪さんびきちゅう
（❷と同じ動き）

<3番は1番と同じ動きです>

♪ちゅうちゅうちゅう
（両手を口の横で開いて
ネズミのひげをつくり、
3回動かします）

アドバイス

「♪ちゅう」の歌詞の動作をいろいろな動物にアレンジして楽しみましょう。
(ex.「♪ワン」（イヌ）、「♪ニャン」（ネコ）、「♪ブヒ」（ブタ）、など)

「𝄞 ごんべさんの あかちゃん」を歌いながら相手を見つけて、一緒に屈伸します

10 一緒に足曲げ

𝄞 ごんべさんの あかちゃん

作詩：不詳／アメリカ民謡

ごん べさん のあ かちゃん が か ぜひ いた
ごん べさん のあ かちゃん が か ぜひ いた ごん べさん のあ かちゃん が
か ぜひ いた と て もあ わて て しっ ぷ した

❶「𝄞ごんべさんの あかちゃん」を歌いながら自由に歩きます。

❷ 2小節目の「♪かぜひいた」の「た」の部分で、近くにいる子と両手をつないで一緒に屈伸をします。

❸再び歩き出し、4小節目、6小節目、8小節目の「た」の部分でも、❷と同じことをします。

アレンジバージョン

その1「た」の部分で両手でハイタッチ

その2「た」の部分でほっぺをつんつん

アドバイス

上記のアレンジバージョンの他にも「肩をもみもみ」「くすぐりっこ」「おしり合わせ」など、いろいろアレンジしてやってみましょう。

「𝄞メリーさんのひつじ」をモチーフに、ヒツジがオオカミにつかまらないように逃げるあそびです

11 メリーさんのひつじ

𝄞メリーさんのひつじ

訳詩：高田三九三／アメリカ民謡

1. メリーさんの ひつじ メエメエ ひつじ
2. どこでも ついてく メエメエ ついてく
3. あるとき がっこうへ がっこうへ がっこうへ
4. せいとが わらった アハハ アハハ
5. せんせいは かんかんに おこって おこって
6. メリーさんは こまって こまつて こまって
メリーさんの ひつじ まっしろね
どこでも ついてく かわいいわね
あるとき がっこうへ ついてきた
せいとが わらった それをみて
せんせいは おこって おいだした
メリーさんは しくしく なきだした

❶ヒツジ役を6人と、オオカミ役をひとり決めます。それ以外の子どもたちは、半分に分かれて、手をつないで2つの輪をつくります。これをヒツジの家に見立てます。

❷ヒツジは、ふたりずつそれぞれの輪の中に入り、残りのふたりは、輪の外の、オオカミから離れたところに立ちます。

❸手をつないでいる子どもたちが「𝄞メリーさんのひつじ」を歌っている間、輪の外のヒツジたちは、オオカミにつかまらないように逃げます。オオカミはどちらかのヒツジをつかまえようとします。

❹ 1番が歌い終わったら、外のヒツジたちは、輪の家の中へ逃げこみます。ふたりのヒツジが同じ家に入ったら、家の中にいたふたりのヒツジは外に出ます。別々の家に入ったら、それぞれの家の中にいたヒツジのどちらかひとりが外に出ます。常に家の中には、ふたりのヒツジがいるようにします。

❺歌の2番以降も同様に行います。途中でヒツジがオオカミにつかまったら、オオカミ役を交代します。

❻ 6番まで歌い終わったら、ヒツジ役、オオカミ役と、輪の子どもたちが交代して、あそびをくり返します。

2つをつなげたフープに親と子が入り、リレーをします

1 つながりフープリレー

準備するもの フープ、コーン、すずらんテープ

❶ 親子がペアになり、ペアが5～6組いるチームを何チームかつくります。
チームごとに、フープ2つをすずらんテープで15～20cmくらいの間隔でつなげたものを用意します。

❷ スタートラインから離れたところに、コーンを置いておきます。

❸ 各チームとも、それぞれのフープに親と子が入り、保育者の合図でコーンに向かって走ります。2つのフープに入った親子は、横に並んで走っても前後に並んで走っても、どちらでもOKです。

❹コーンをまわって戻り、次の親子にフープを渡してバトンタッチします。

❺次々にリレーをして、最初にゴールしたチームの勝ちです。

アドバイス

★コーンを3つくらいに増やして、ジグザグに進むなど、難易度を上げてもいいでしょう。

★走っている途中で、つなげたフープが外れないように、すずらんテープはしっかり結びましょう。

親たちが子どもを抱っこして次々に渡していくゲームです

2 引っ越しゲーム

❶ 親子それぞれ6～7人くらいのチームを2～3チームつくります。

❷ 15mくらいの間隔でラインを2本引き、子どもたちは片方のラインに一列に並びます。
親たちは2本のラインの間に一列になり、前の人の肩に手を置き、足を開いてトンネルをつくります。

❸ 保育者の合図で、子どもたちは順番にトンネルをくぐり、もう片方のラインの先まで行きます。

❹チームの全員の子どもがトンネルをくぐり終えたら、親は全員横向きになり、子どもをひとりずつ抱っこして横の人に渡し、スタートラインへ戻します。

❺全員の子どもが最初にスタートラインに戻ったチームの勝ちです。

アドバイス

★ラインを引く替わりに、2ヵ所にチームの陣地をつくり、スタートの陣地からもうひとつの陣地へ行き、スタートの陣地に戻ってくるようにしてもいいでしょう。

★親が抱っこして横の人に渡すときに、子どもを落とさないように注意しましょう。

親が子どもをおんぶして、敵チームの帽子を取り合う騎馬戦です

3 クラス対抗親子騎馬戦

❶ 3クラスくらいで競います。子どもたちは自分のクラスの色の帽子をゴムをあごにかけずにかぶります。

❷ 地面に大きな円を描き、円の外に各チーム（クラス）の陣地をつくります。

❸ 保育者の合図で円の中に入って各チームが歩み寄り、子どもが敵チームの帽子を取ります。また、自分は帽子を取られないようにします。

❹帽子を取られてしまった親子は、陣地へ戻ります。帽子はいくつ取ってもOKです。

❺保育者の合図で終了し、全員陣地へ戻ります。一番たくさん帽子を取ったチームの勝ちです。

アドバイス

★帽子はゴムをあごにかけていると、取り合うときに危険なので、必ずかけないようにしましょう。

★おんぶの替わりに、抱っこをして騎馬戦をしてもいいでしょう。

親子がペアでピョンピョン飛び跳ねながら進むリレーです

4 ピョンピョン親子リレー

準備するもの　バトン

❶ 親子がペアになり、ペアが偶数組いるチームを何チームかつくります。

❷ 70mくらいのトラックの半周となる2ヵ所にラインを引き、各チームとも親子ペアが二手に分かれて、2つのラインに立ちます。

❸ 各チームの先頭の親子がスタートラインに立ち、子どもがバトンを持ちます。保育者の合図で、親子が手をつないで、両足でピョンピョン飛び跳ねながら進みます。

❹半周のラインで待っている次の親子にバトンタッチしたら、次の親子も同様に両足でピョンピョン飛び跳ねて進みます。

❺次々にリレーをして、最初にゴールしたチームの勝ちです。

アドバイス

親子がペアにならずに、親と子がそれぞれひとりでトラックを半周ずつ飛び跳ねながら進み、子→親→子→親…とリレーをするようにしてもいいでしょう。

親が背負って逃げまわるかごに、子どもたちが玉を入れる玉入れです

5 逃げるかごを追いかけろ！

準備するもの　背負いかご、赤白の玉、赤白の帽子

❶ 地面に大きな円を描き、円の中に赤白の玉をそれぞれ同じ数だけ、バラバラに置いておきます。

❷ 子どもたちは2チームに分かれて赤白の帽子をかぶります。

❸ 親の中から代表でふたりが、かごを背負って円の中に入ります。子どもたちは円の外で待ちます。

❹ 保育者の合図で子どもたちは円の中に入り、自分たちのチームの色の玉をひろって、2つのかごのどちらかに入れます。かごを背負った親は、玉を入れられないように、円の中を逃げまわります。

❺ 保育者の合図で終了し、かごの中の玉を数えて、数の多かったチームの勝ちです。

アドバイス

★かごを背負って逃げる親は、わざとゆっくり走ったり、速く走ったりするとおもしろいでしょう。

★かごを背負う親を3〜4人に増やしてもいいでしょう。

★親は、逃げる際に子どもにぶつからないように、注意しましょう。

歌の終わりで、穴に逃げこむねずみ役の子どものしっぽを親が取ります

6 ねずみのしっぽ

準備するもの　紙テープ、ネコのお面（板目紙などでつくります）

一丁目のドラネコ

作詩／作曲：阿部直美

3
いっ ちょうめ の ド ラ ネ コ に ちょうめ の ク ロ ネ コ
3
さん ちょうめ の ミ ケ ネ コ よん ちょうめ の ト ラ ネ コ
ご ちょうめ の ネ ズ ミ は お い か け ら れ て
あ わ て て に げ こ む あ な の な か ニャオ ー

❶室内の中央に、ビニールテープなどで直径2mくらいの円を描き、穴に見立てます。

❷子どもは全員1mくらいの紙テープをズボンやスカートにはさんでつけ、ネズミのしっぽに見立てます。親は全員、ネコのお面をつけます。

❸全員で「𝄞一丁目のドラネコ」の歌を歌いながら、子どもたちは自由に歩きまわり、親はネズミをねらう感じで歩きます。

❹歌の最後の「♪ニャオー」の部分で子どもたちは穴に逃げこみ、親はネズミのしっぽを取ります。

❺しっぽを取られた子どもはあそびから外れ、全員のネズミのしっぽが取られるまであそびをくり返します。

アドバイス

自由に歩くときは、手足を大きく動かしてマーチで歩いたり、
スキップをしてもいいでしょう。また、歌のテンポを変化させて、
テンポが速くなったら小走りにするなどしても、おもしろいでしょう。

くねくねの線の上を親子で走り、ジャンケンをするゲームです

7 親子でくねくねジャンケン

❶ 親子がペアになり、ペアが5～6組いるチームを2チームつくります。

❷ 離れた場所に各チームの陣地をつくり、くねくねの線でつなぎます。

❸ 保育者の合図で、各チームの先頭の親子ペアが手をつないで、くねくねの線の上を相手の陣地に向かって走ります。

❹出会ったところで、子ども同士がジャンケンをします。勝ったペアは進み、負けたペアは「負けた！」と言って、負けたことを自分のチームに伝え、自分のチームの後ろにつきます。負けたチームは、次のペアが走っていきます。

❺次々にジャンケンをくり返して、先に相手の陣地にたどり着いたチームの勝ちです。

アドバイス

★親子ペアではなく、親と子がひとりずつ交互に走って、ジャンケンをしてもいいでしょう。

★親チームと子チームに分かれて、親と子の対抗にしてもおもしろいでしょう。

いろいろな障害物をのり越えて親のところへ行き、親が子どもをおんぶしてバトンタッチします

8 親子障害物リレー

準備するもの　はしご、跳び箱、棒にすずらんテープをつけたもの

❶ 親子が5～6組いるチームを何チームかつくります。

❷ 70mくらいのトラックの半周となる2ヵ所にラインを引き、一方のラインに子どもが立ち、もう一方のラインに親が立ちます。その間に、はしご、跳び箱、棒にすずらんテープをつけたものを用意し、障害物をつくります。

❸ 各チームの先頭の子どもがスタートラインに立ち、保育者の合図ではしごをくぐり、跳び箱を越え、すずらんテープをくぐって、親のところまで行きます。

❹親のところまで行ったら、親は子どもをおんぶして走り、次の子どもにバトンタッチします。
❺次々にリレーをして、最初にゴールしたチームの勝ちです。

アドバイス

跳び箱は、跳び越えても、登って越えても、どちらでもOKです。
また跳び箱が難しい場合は、巧技台を2～3段積み重ねたものを越えるようにしてもいいでしょう。

カラフルなカラーボードを使って、みんなでオセロのように競うゲームです

9 パワーオセロ

準備するもの ボード（30cm四方のもの）、色画用紙

❶ 4クラス程度で競います。各クラスの色を決め、各クラス36枚のボードを用意します。ボードの表面には自分のクラスカラーの色画用紙を貼り、裏面には他クラスカラーの色画用紙を貼って、各クラスとも36枚×2色のカラーボードをつくります。

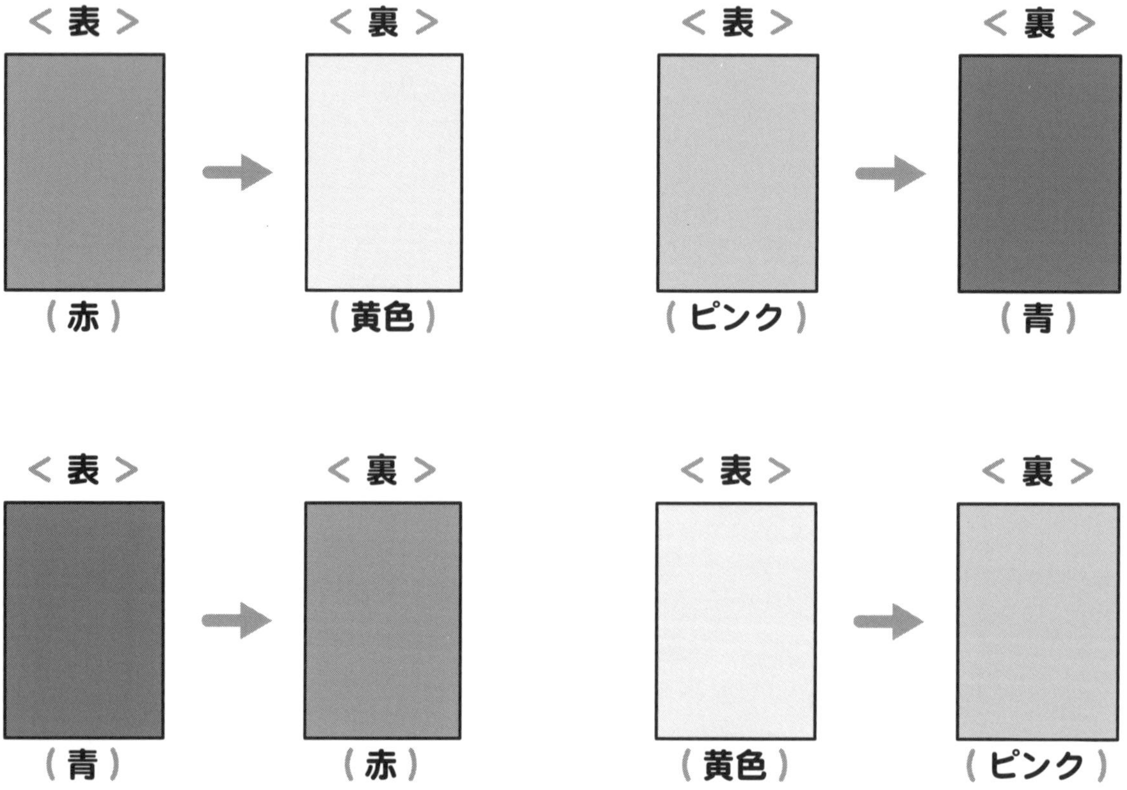

❷ 床や地面に大きな円を描き、その中に各クラスのカラーボードをクラスカラーを上にして、バラバラに置きます。

❸ 各クラスの親と子を何グループかに分けて、最初に競う子どもたちが円の外に立ちます。

❹保育者の合図で、円の外の子どもたちは一斉に円の中に入り、自分たちのクラスカラーになるようにカラーボードを裏返していきます。

❺30秒たったところで保育者は再び合図をし、円の中の子どもが外に出て、次の親グループが入り、同様に行います。

❻30秒ごとに保育者が合図をして、子どもと親が交互に競い、全員が競い終わったところで、各クラスのカラーボードの色を数え、数の多かったチームの勝ちです。

アドバイス

円の中に入るグループを親子ペアにして、親と子が一緒に円の中に入るようにしてもいいでしょう。

親子がひとつの段ボールに片足を入れ、二人三脚で進むリレーです

10 息を合わせて1・2・1・2

準備するもの　段ボール（小さめのもの）、コーン、旗

❶ 親子がペアになり、ペアが5～6組いるチームを2～3チームつくります。チームごとに小さめの段ボールをひとつ用意します。

❷ スタートラインの先にコーンを3つ置き、さらにその先にUターン用のコーンを置いておきます。Uターン用のコーンには旗を立てておきます。

❸ 各チームとも、先頭の親子がひとつの段ボールに片足を入れ、スタートラインに立ちます。保育者の合図で「いち、に、いち、に」とかけ声をかけながら、二人三脚でコーンを左方向からジグザグに進みます。

❹ 旗が立っているコーンをまわり、Uターンしたら、帰りは行きと逆方向に、コーンを右方向からジグザグに進み、次の親子に段ボールを渡してバトンタッチします。

❺ 次々にリレーをして、最初に全員がゴールしたチームの勝ちです。

アドバイス

各チームに段ボールを3つ用意し、親子がひとつの段ボールに片足を入れ、
もう片方はひとりでひとつの段ボールに足を入れて進むようにしてもいいでしょう。

親子で風船をつき合いながら進むリレーです

11 風船つきリレー

準備するもの　風船、コーン

❶ 親子がペアになり、ペアが5～6組いるチームを2～3チームつくります。チームごとに風船をひとつ用意します。

❷ スタートラインから離れたところにコーンを置いておきます。

❸ 各チームとも、先頭の親子が風船を持って、スタートラインに立ちます。保育者の合図で、親子が風船をつき合いながら進みます。

❹コーンをまわって戻り、次の親子に風船を渡してバトンタッチします。途中で風船を落としたら、落とした場所からやり直しです。

❺次々にリレーをして、最初に全員がゴールしたチームの勝ちです。

アドバイス

★風船の替わりにビーチボールをつき合ったり、キャッチし合いながら進んでもいいでしょう。

★コーンを3つくらいに増やして、ジグザグに進むようにしてもいいでしょう。

●編著者

井上 明美（いのうえ あけみ）

国立音楽大学教育音楽学科幼児教育専攻卒業。卒業後は、㈱ベネッセコーポレーション勤務。在籍中は、しまじろうのキャラクターでおなじみの『こどもちゃれんじ』の編集に創刊時より携わり、音楽コーナーを確立する。退職後は、音楽プロデューサー・編集者として、音楽ビデオ、CD、CDジャケット、書籍、月刊誌、教材など、さまざまな媒体の企画制作、編集に携わる。2000年に編集プロダクション アディインターナショナルを設立。主な業務は、教育・音楽・英語系の企画編集。同社代表取締役。
http://www.ady.co.jp
同時に、アディミュージックスクールを主宰する。http://www.ady.co.jp/music-school/
著書に、『子どもウキウキ！人気曲でリトミック！』、『ピアノ演奏CD付きですぐ使える！保育の劇あそびシナリオ特選集』シリーズ、『使えるネタセレクションシリーズ 保育のゲームあそび』（いずれも自由現代社）他、多数。

●情報提供

学校法人 東京吉田学園 久留米神明幼稚園／小林由利子　齊藤和美　池田亜沙美　安部美紀　西川綾の　栗林ありさ

●編集協力

アディインターナショナル／大門久美子、新田 操

●イラスト作成

太中トシヤ

●デザイン作成

古川哲也

運動会で！園生活で！ 使える！保育の運動あそび ―――― 定価（本体1400円+税）

編著者――――井上明美（いのうえあけみ）
表紙デザイン――オングラフィクス
発行日――――2013年7月30日　第1刷発行
　　　　　　　2014年2月28日　第2刷発行
編集人――――真崎利夫
発行人――――竹村欣治
発売元――――株式会社**自由現代社**
〒171-0033　東京都豊島区高田3-10-10-5F
TEL03-5291-6221/FAX03-5291-2886
振替口座 00110-5-45925

ホームページ ――http://www.j-gendai.co.jp

ISBN978-4-7982-1900-4